不拘一格的组织

未来企业管理的八大趋势

[荷兰]约斯特·米纳 (Joost Minnaar)
[荷兰]皮姆·德·莫雷 (Pim de Morree)　著

纪文凯　译

清华大学出版社
北京

北京市版权局著作权合同登记号　图字：01-2022-2373

Corporate Rebels: Make Work More Fun

EISBN：978-9083004808

Copyright © Corporate Rebels Nederland B.V. 2019

图书在版编目（CIP）数据

　　不拘一格的组织：未来企业管理的八大趋势 /（荷）约斯特·米纳 (Joost Minnaar)，（荷）皮姆·德·莫雷 (Pim de Morree) 著；纪文凯译 . —北京：清华大学出版社，2022.9

　　ISBN 978-7-302-61715-0

　　Ⅰ . ①不… 　Ⅱ . ①约… ②皮… ③纪… 　Ⅲ . ①企业管理　Ⅳ . ① F272

　　中国版本图书馆 CIP 数据核字 (2022) 第 155927 号

责任编辑：顾　强
封面设计：周　洋
版式设计：方加青
责任校对：王荣静
责任印制：朱雨萌

出版发行：清华大学出版社
　　　　　网　　　址：http://www.tup.com.cn，http://www.wqbook.com
　　　　　地　　　址：北京清华大学学研大厦 A 座　　邮　　编：100084
　　　　　社 总 机：010-83470000　　　　　　　　邮　　购：010-62786544
　　　　　投稿与读者服务：010-62776969，c-service@tup.tsinghua.edu.cn
　　　　　质 量 反 馈：010-62772015，zhiliang@tup.tsinghua.edu.cn
印 装 者：三河市东方印刷有限公司
经　　销：全国新华书店
开　　本：148mm×210mm　　印　　张：6.875　　字　　数：114 千字
版　　次：2022 年 10 月第 1 版　　印　　次：2022 年 10 月第 1 次印刷
定　　价：58.00 元

产品编号：097994-01

作 者 简 介

约斯特·米纳（Joost Minnaar）

企业叛逆者（Corporate Rebels）联合创始人。约斯特在巴塞罗那大学获得纳米科学和纳米技术的硕士学位后，在巴塞罗那开展科学研究工作。之后，他辞去工作，周游世界，研究先进组织，撰写博客记录他的发现，并就当前全球工作场所的问题提出建议。约斯特目前正攻读阿姆斯特丹自由大学商业研究所（ABRI-VU）的博士学位。

皮姆·德·莫雷（Pim de Morree）

企业叛逆者（Corporate Rebels）联合创始人。皮姆同约斯特一样，辞去工作后共同创办了企业叛逆者。皮姆在埃因霍温科技大学（Eindhoven University of Technology）相继取得了工业工程和管理科学的学士学位，以及创新管理专业的硕士学位。除了周游世界和研究之外，他还为"企业叛逆者"博客撰稿，为企业提供咨询建议，发表主题演讲，激励企业从根本上改变工作方式。与"企业叛逆者"其他成员一道，他一直在推广"让工作更有趣"的理念。

联袂推荐

我一直是"企业叛逆者"的忠实粉丝,这本书抓住了"企业叛逆者"智慧的精髓。作者为读者们提供了关于工作世界的严肃、实用且发人深省的观点。

《时机管理》《驱动力》《全新思维》作者
丹尼尔·平克(Daniel Pink)

"挑战既有真理"是我长久以来坚持的座右铭之一,而这也正是"企业叛逆者"始终践行的事情。这本书适合所有致力于创建极具启发性的工作场所的员工、HR 专业人士和商业领袖们。

Spotify 首席人力资源官
卡塔琳娜·贝格(Katarina Berg)

企业需要颠覆，商业世界需要"企业叛逆者"。他们是对商业资本及时敲响的警钟，作为管理思想中的一股新鲜空气，"企业叛逆者"出现在"Thinkers 50"榜单上是有原因的。他们的声音引起了新一代寻求完全不同的工作和生活方式的共鸣。

"Thinkers 50"联合创始人
戴斯·狄洛夫（Des Dearlove）

企业，或更确切地说是企业的客户和员工，正在寻求更可持续和更好的工作组织方式。"企业叛逆者"一针见血，以极其鼓舞人心的方式分享他们寻得的解决方案。了不起！

Buurtzorg（博组客）创始人兼首席执行官
乔斯·德·勃洛克（Jos de Blok）

一场悄无声息的管理变革正在进行。为了让人们能够意识到并积极加入管理变革，我们需要声音，需要许多许多声音。"企业叛逆者"正是如此，他们为世界带来更多这样的声音和故事。

《重塑组织》作者
弗雷德里克·莱卢（Frederic Laloux）

"企业叛逆者"对新型组织模式的思考和实践作出了宝贵的、令人耳目一新的独特贡献。本书基于可靠的选择和研究、透明的方法、实用的见解、细微的差别以及"叛逆者"们极大的勇气。精彩！

畅销书《指数型组织》作者

尤里·范吉斯特（Yuri van Geest）

约斯特·米纳（Joost Minnaar）和皮姆·德·莫雷（Pim de Morree）环游世界，走访了许多先进的组织、领导者和思想家，这些组织和人致力于将命令和控制的工作场所转变为更为开放的环境。"企业叛逆者"找到了100多个这样的组织和思想家，与100多位专业人士建立了紧密的联系，将旅程浓缩为一个又一个精华故事，为组织中的每一位学习者提供希望和愿景。这是一本极为风趣、新颖的书。

畅销书《自由企业》《超越利润》作者

艾萨克·盖茨（Isaac Getz）

如果你想要了解全球管理领域最令人激动、最创新的发展动向，那么"企业叛逆者"是你的不二选择。作者不断寻求刺激和挑战，前往最前沿的公司，描绘出一幅幅组织如何变得更加不同、工作如何更加有趣的画卷。不管你是商业领袖还是员工，"企业叛逆者"都将改变你对工作的看法。

"快乐有限公司"首席幸福官
亨利·斯图亚特（Henry Stewart）

你可以将这本书列入商业必读书单了，它描绘了工作的未来。我们总是对企业绩效的关键杠杆——工作场所和企业文化关注太少，而"企业叛逆者"成功地改变了这一点，强调正确的技巧如何帮助企业提高底线、促进增长并成为一股不可忽视的力量。

畅销书《商业模式新生代》作者、商业模式画布的创造者
亚历山大·奥斯特瓦德（Alexander Osterwalder）

"企业叛逆者"是"未来工作"的桂冠诗人。作者是出色的故事讲述者，他们走遍全球，寻找地球上最具变革性的工作场所。失望的企业经历为他们的旅程和使命带来了极大的能量和热情，而这段旅程也感染了那些商业领袖。这本书让许多好奇者和冒险家有机会搭上"企业叛逆者"的顺风车，透过"企业叛逆者"经验丰富的眼睛看世界，一瞥工作的未来。系好安全带，享受旅程吧。

畅销书《超越授权：自我管理时代的到来》作者
道格·柯克帕特里克（Doug Kirkpatrick）

他们自称为"企业叛逆者",你也可以把他们叫作"为员工谋求终极福祉的探索者"。

《荷兰财经日报》

随着工作世界的发展,过去几个世纪的传统老式组织解决方案显得尤为过时。虽然它们并非主流,脱离常规,但此时此刻发生的更加新颖、前沿的工作正在使工作世界变得更美好。阿山提·阿尔斯通(Ashanti Alston)曾经写道:"我从无政府主义学到的一个重要经验是,我们需要不断寻找组织里正在发生的积极变革,并持续地予以鼓励。"这正是"企业叛逆者"正在做的事情——通过出色的调研侦查工作,找出并梳理新的方法;倡导那些鲜为人知但更全面的工作方式;鼓励有创造力的领导者远离等级制度,拥抱新的、更积极的、更进步的与更有成效的方法。

金爵曼(Zingerman)的首席执行官和联合创始人

阿里·维恩兹威格(Ari Weinzweig)

推 荐 序

　　阅读此书是轻松愉快的，这样说是因为：一方面它不是板起面孔的说教，不是枯燥乏味的数学模型；另一方面，约斯特和皮姆自身就是企业的"叛逆者"，传统层级组织的"叛逆者"。他们俩辞去大公司职位的时候，只有一个远景——"环游世界，寻找最先进的组织"，尚不清楚未来的商业计划，可见对于旧组织他俩是有多么叛逆。这是一本"企业叛逆者"探访"叛逆企业"未来组织和工作的指南。

　　表面上我们似乎已经习惯了"创新"这个热词，但真正的创新一开始往往被冠以叛逆的名义。时代潮流浩浩荡荡，沿着时代的大河向远方眺望，今天的"叛逆者"才真正是顺潮流而动的人，墨守成规者才是真正的叛逆，才是对时代的辜负和背叛。如果说，约斯特和皮姆以及他们寻访的先进组织是叛逆者，那么他们一定是叛逆者的"叛逆者"。为了区分两种叛逆者，我把约斯特和皮姆，以及他们笔下的先进组织称为打上引号的"叛逆者"，而沉迷传统不能自拔的人和组织自然就是货真价实的叛逆者。

叛逆者曾经也是"叛逆者"，但当他们反叛了那个特定时代的传统，得到时间的肯定和认可之后，他们的队伍越来越庞大，理论越来越精致，影响力越来越大，在不知不觉中，陷入了教条式的繁文缛节，曾经鲜活的人和用户体验都变成了信息化流程或统计学中的数据与符号。叛逆者一旦僵化，就面临被叛逆的命运。

在《不拘一格的组织：未来企业管理的八大趋势》这本书中，热情的约斯特和皮姆帮我们找到了许多先进组织，这些组织充满激情和自由氛围的故事拼成一幅与传统组织截然不同的画卷，而这幅充满朝气的画卷将为我们增添继续探索的勇气和力量。

我在海尔首次提出人单合一模式是在 2005 年，但寻求一种更加先进的管理模式以解放每一个人的创造力和潜能的想法早在 35 年前就已萌生。在我们开始海尔的创业历程之前，大部分时间里，我作为被管理者存在。当年的经历告诉我，每个人都有创造力，但权力结构制约了创造性想法的实现。在金字塔式的组织里，你只能对上级负责。被管理者主动革新的愿望被压抑的时候，他们心里的疑惑也许是：领导者为什么都是愚

推 荐 序

蠢的？这样的早年经历使我很容易理解约斯特和皮姆的选择。
1984 年的冬天，我没有像他们俩一样逃离，而是选择了到海
尔的前身——一家资不抵债、亏空严重的小企业重新创业。
现在，海尔已经是全球白色家电第一品牌，旗下拥有《财富》
500 强之一的公司和众多创业团队。海尔今天取得的成绩是每
一个员工创新创造的结果，而员工的创新驱动力来自"人的价
值第一"的理念。我始终相信，人是企业中唯一能够增值的资
产，其余都是负债。"人的价值第一"完全区别于西方企业奉
为经典的"股东第一"。

截然不同的企业理念决定了管理模式的不同选择。海尔
在创业初期曾经学习美国和日本企业的管理方法，但始终没有
被工具理性所制约。15 年前，当我们决定探索一种全新的管
理模式时，我拜访过许多权威的管理学家、经济学家和著名的
企业家，和他们探讨人单合一模式的创新实践探索。从刚开始
的质疑，甚至反对；到大部分人认可人单合一的探索方向是对
的，但对是否能真正成功存疑；再到人单合一的操作体系得到
认可，并有越来越多的欧美企业前来学习，希望复制人单合一
模式。

人单合一是海尔的创造，更是互联网和物联网时代的产物。
如果没有互联网的发展和应用，企业很难真正去科层制，让每
一个员工面对用户体验迭代，在为用户创造价值过程中实现自
身价值。

管理大师德鲁克生前提出三个预言：互联网最大的影响是零距离；未来 25 年，公司将不再幸存（2000 年提出）；知识经济中，每个人都是自己的 CEO（首席执行官）。

今天的我们已经看到，德鲁克的三个预言中，有两个都已经实现而第二个预言在某种程度上也变成了现实。在数字技术驱动的社会关系变革浪潮中，社会经济的基本细胞，已经从科斯式的企业，到梯若尔式的平台，发展到穆尔式的商业生态系统。

也许，约斯特和皮姆环游世界追寻的理想组织就应该是商业生态系统。

商业生态系统宣告了竞争的衰亡，预言了共赢进化的趋势。

我和约斯特、皮姆怀有共同的理想，不仅仅是发明一种新组织替代旧组织，更是在用户体验增值驱动下，持续探索，让新的组织成为生生不息的生态系统。

我们将持续在用户体验的世界里畅游，并始终坚定一个信念：

没有成功的企业，只有时代的生态。

张瑞敏

海尔集团董事局名誉主席、前董事局主席、前首席执行官

伦 敦 之 行

  我们系好领带，阔别企业多年的我们多少有些生疏。在伦敦 De Vere Grand Connaught Rooms 举行的 Thinkers 50^① 的颁奖典礼上，管理学界的领军人物齐聚一堂，包括著名学者、职场领袖。我们的年纪似乎仅有在场许多宾客的一半，新手的局促让我们看起来有些格格不入。

  当主持人宣布提名名单时，我们露出了"叛逆者"惊异的目光。冒险开始的那一天，谁会想到我们能够参加这样的活动，谁又能料想我们能走到这一步？我们没有资金，没有具体的营利模式，最重要的是，没有经过深思熟虑的商业计划，是我们的乐观精神把我们带到了这里。

  过去几年里，我们走访了五大洲 30 多个国家，拜访了

---

① 译者注：Thinkers 50 榜单创办于 2001 年，每两年进行一次国际性评选，被誉为"管理界的奥斯卡"。

100 多位行业先锋，进行了 1 000 多场近距离访谈。基于此，我们撰写了 300 多篇博客文章，做了上百场演讲，并帮助许多企业彻底颠覆了传统的结构和工作方式。我们去加利福尼亚冲浪，拜访了最能鼓舞人心的公司之一，公司工作旨在创造一个更美好的世界；我们到斯德哥尔摩，参观一家拥有数百名员工却没有老板的公司；我们飞到中国，与一家拥有 70 000 名员工的公司共度时光，在那里，员工就像在经营自己的企业一样。

我们曾与比利时官员会晤，了解到他们的工作地点、时间和方式由他们自己决定；我们采访了不拘一格的学者、独树一帜的思想领袖和先锋作家；从澳大利亚到纽约，从圣保罗到迪拜，我们与许多"叛逆者"CEO 建立了紧密的联系。我们所获得的这一切，远远超出了最开始的期待。

环顾四周，感受这莫大的荣耀。在"全球 30 大新兴管理思想家"评选中，我们获评了，这是多么了不起的事情。这是更伟大事业的前奏。我们希望实现工作场所的变革，消除员工的"不满"，增添员工的"愉悦"和"成就感"。

道阻且长，还有很多事情要做。当遇到棘手的问题时，人们往往采取保守且无效的解决方案，只有那些敢于实践的人，才能够真正解决问题。我们所学到的一切以及我们周围发生的一切，使我们相信一场全球性的风暴变革正在进行中。

我们的旅程开始了，加入我们吧！

前　　言

投 身 变 革

坐标：凌晨 6 点 30 分，南加州文图拉县，1 号公路旁某荒凉的海滩。我们已经沿着这条蜿蜒的公路走了三周，且走且听，随心而行。从露营车上下来，走过冰冷的沙地，来到更冰冷的太平洋水域，那儿有两只海豚在玩耍，几个早起冲浪的人正在冲浪板上晃动。在半明半暗中，我们望向海面。多么美好的清晨呀！最值得欢喜的是，这是一次官方的访问。今天是再平常不过的工作日，是"企业叛逆者"的一天。

我们在很久以前就知道自己不会在稳定的工作中停滞 40 年，因为我们渴望更多的东西，更多激动人心的冒险的事情。当我们决心辞掉工作、逃离工作场所时，我们没有意识到这个决定如此简单，如同海豚跳出海面那般轻松。我们的工作生活从此刻真正开始，天啊，这感觉真好。

2015 年夏天，在巴塞罗那一个熙熙攘攘的啤酒花园派对里，我们聊到了工作。这是一个十分沮丧的话题，究其根本，是因为工作对我们是毫无吸引力的，它无法让我们感到快乐，从周一到周五我们都在倒计时期待周末，而这不应该是每周工作 40 小时应该期待的事情。

更糟糕的是，我们对工作本身并不失望，它困难而有趣，且十分适合我们的工程背景。让我们抓狂的是公司的管理方式。我们被当作孩子一般，被禁锢，失去自由感。朝九晚五的工作状态使得办公室的工作时长成为评判我们工作的标准，而非基于我们真正做的事情。我们被迫遵循陈旧过时的步骤，没有创造的空间，没有回旋的余地，沮丧至极。但我们对此能做些什么呢？到目前为止，我们的工作经验就是撰写报告，而在不久的将来它们便会消失于堆叠如山的文件之中，落满灰尘。公司缺乏对横向思维或创业精神的鼓励与赏识，任何可能"威胁"到现状的想法都会被立刻遏制。我们的确缺乏商业经验，但是我们若想实现心中所想，就必须创业。

早在读大学时，我们就对诸多行业先驱产生了浓厚的兴趣，受他们鼓舞。他们是勇敢的，致力于以一种完全不同的方式来管理公司、执行工作，提高员工的工作参与度和黏性。我们的兴趣最早追溯到一部关于巴西企业家里卡多·塞姆勒（Ricardo

Semler）的纪录片。20 世纪 80 年代，塞姆勒打破往常的商业规则与惯例，建立了自己的机械制造厂塞氏公司（Semco），并大获成功。塞氏公司不给中层管理者不必要的会议和无意义的规定留有余地，员工可以自由决定自己的工作时间以及相应的工资；同时，我们也深受西蒙·斯涅克（Simon Sinek）、丹尼尔·平克（Daniel Pink）等职场大师的启发，并潜心研究了谷歌和 Spotify 的与众不同的企业文化。然而，在这些鼓舞人心的故事和当下日常的繁重工作中存在着一条似乎无法跨越的鸿沟。

这些先进组织是如何运作的？它们做了什么不同的事情？其他组织如何也能成功做出转变？这是个巴塞罗那的晴天，我们做出了一个从未后悔过的决定。也正是那两杯啤酒所做出的承诺，将我们带到此刻的文图拉，准备投身海浪与工作之中！我们没有按照家庭与社会的期望过活，怀揣着一个模糊但激动人心的计划辞掉了工作。我们要环游世界，拜访行业先驱，向他们学习，分享所学并加以传播，希望被世界听到。

工作可以是有趣的，它也应该是有趣的。我们看着太阳从文图拉升起，海豚在海浪中嬉闹，冲浪者争抢海域，享受美妙绝伦的景色，这正是我们工作的常态。在这里，我们将拜访第一位行业先驱，探究他的想法、灵魂以及管理模式。在此之前，我们将与他一同加入冲浪的行列，拥抱完美的加州海浪！

从"杯垫"到"海岸"

我们的"人生愿望清单"始于巴塞罗那的啤酒杯垫，在上面写下了那些启迪我们的名字：里卡多·塞姆勒、理查德·布兰森、Spotify、西蒙·斯涅克、谷歌、丹尼尔·平克，等等。慢慢地，这张清单变得更加完善，它是一张涵盖了先进组织、企业家、学者和作家的清单。他们能够传达给世界一些东西，一些关于工作方式的见解。我们想拜访清单中的所有人，与他们交谈，写成博客，分享我们所学到的一切。

我们必须为自己起个名字。几瓶啤酒几个小时的交谈，经过反复推敲，选择了"企业叛逆者（Corporate Rebels）"一名，不仅听起来十分契合，也能够概括我们的基本理念。当我们离开啤酒花园时，我们被这一想法的未来潜力深深折服。明媚的阳光之中，我们对此潜力深信不疑，但自然地，并非所有人都能买账。经常地，我们与朋友、家人和同事的对话如出一辙：

"这一切听起来挺不错，但你究竟如何赚钱呢？"

其实我们当时也毫无头绪，因此这一问题对我们来说十分棘手，难以回答。

"所以你们要环游世界，找寻最先进的组织……但你们不知道如何赚钱？"

简单的几句话涵盖了我们的打算。虽然这是一个不错的想法，但并不是一个成熟的商业计划。那时我们还没意识到，不成计划的想法难以得到别人的信任。但很快我们发现了这一点。尽管如此，如果我们对核心话题一无所知，我们又怎能专注赚钱呢？因此，我们选择直接开始，向最优秀的人学习，弄清楚未来可能的潜力与合作机会。我们深信这一想法是行得通的。我们的使命是让工作更有趣，钱并不是激励我们行动的源泉。

我们汇集了自己的储蓄，盘算了我们所能做的事情，预计这些费用可以支撑 10 个月的生计。由于失去了稳定的收入，我们必须改变一贯的生活方式。最坏的情况可能是什么：我们的想法并没有想象中的那么好？没有人想要听我们分享的故事？我们发现自己的写作能力很差？我们花光积蓄却没有东西分享？等等。这些都是可能发生的事情，但如果这些已然是最坏的情况，那也不算太坏。我们有幸接受过良好的教育，因此即使失败，也总是能够有其他工作作为退路，我们也能从中获得一些宝贵的经验。因此，我们重新计算筹码，一致决定：此次冒险虽有些不切实际，但所谓"机不可失，时不再来"，事已至此，难以放弃。

在"企业叛逆者"的想法诞生后不久，我们递交了辞呈，一同搬进了一间小房间以节省开支。我们难以负担两套豪华公寓，这个房间也就成了"企业叛逆者"简陋的初始基地。在接下来的几个月里，我们所做的一切都是在这个房间完成的。我们建立了自己的网站，制订了"人生愿望清单"旅行计划，阅读了无数管理图书，开始了"企业叛逆者"的生活。

经过深入的研究后，我们很快发现自己并非异类。研究表明，员工缺乏工作参与感是一个全世界职场的主要问题。我们早有预料，但现实比我们想象的要糟糕得多。研究机构盖洛普（Gallup）多年以来始终在研究150多个国家的员工参与度，得出的某些数据让我们震惊。数据显示，全球范围内只有约15%的员工对工作有参与感，这也就意味着大多数人每天都在浑浑噩噩中度日。在大多数人之中，有18%的员工对工作沮丧至极，他们会想方设法破坏工作场所。一项关于荷兰的研究表明，只有十分之一的员工对工作是投入的、极具敬业精神的，另外的九成人也就自然是不愉快的。我们发现，在我们生活的这个世界里，大多数人从日常工作中几乎无法得到任何满足。

极低的员工参与度问题亟待解决。奇怪的是，许多组织似乎也意识到了这一点，但它们并无心改变。盖洛普的数据显示，全球约有7万亿美元浪费在因参与度不高导致的生产力丧失中。尽管如此，传统企业关注的重点仍然是公司业绩，尤其是资金与产出。关注员工参与度可以，但没必要。

基于数据以及相关研究结论，我们有理由相信，相比于由一群缺乏动力以及不开心的员工组成的公司，一家员工参与度高的公司将会取得更好的财务收益。想象一下：当你做自己喜欢并觉得有回报的事情时，你可能表现得更好。这是很简单的道理。当工作变得令人兴奋、激励人心时，员工会茁壮成长，公司也会随之兴旺发达，这不仅仅是我们的信念，更是一个经过多次验证的事实。盖洛普曾开展的一项研究强调了组织成功的几个积极要素，其中员工参与度高的工作场所在多个方面明显优于其他组织，包括显著的营利能力、生产力和客户满意度等，同时员工流失率更低、缺勤和事故等情况也更少。此外，这些研究还发现其结论也适用于全球的各种组织、行业和地区。因此，在 Glassdoor[①] 中被列为"最佳工作场所"（往往是员工评价最高的公司）的公司都具有卓越的财务业绩，也就不足为奇了。投资一个积极投入且充满灵感的员工团队不光听起来像是一个好主意，它也确实是。员工的参与度与公司的业绩表现强烈挂钩，员工参与度高的公司往往比同行的表现更为出色。

在我们的小工作室里，我们发现了一项有趣的研究，为上述结果提供了一些权威金融数据的支撑。这项研究基于三个投资组合观察先进组织的股票表现：Glassdoor "最佳工作场所"名单中的上市公司，《财富》"最佳工作场所 Top 100"名单中的上市公司，以及基于标准普尔 500 指数市场的整体平

---

① 译者注：Glassdoor 是美国的一家做企业点评与职位搜索的职场社区。在 Glassdoor 上可匿名点评公司，包括其工资待遇、职场环境、面试问题等信息。

均值。研究表明，在过去的 6 年里，Glassdoor 和《财富》名单中的股票投资组合的表现远远超过标准普尔 500 指数市场的整体表现。为了进行进一步的稳健性检查，研究人员对比了 Glassdoor 上员工评分较低的上市公司的回报率，发现它们的表现要普遍逊于标准普尔 500 指数。

现在我们确信，拥有一支参与度高的员工团队对组织发展起着至关重要的作用，那么下一步是要弄清楚为什么大多数的组织仍要遵循已然造成绝大多数员工工作不投入的运行方式。我们很快便发现，目前绝大多数企业所遵循的管理法则是 20 世纪制定的。

在学校里，我们所学习的物理学与化学基本定律基本是无可争辩的，但管理学却相反，它们极具争议性，多年来管理大师们似乎就一件事达成了共识，即传统的管理法则已成为历史，许多书或文章也或多或少地讲述了相同的事情，20 世纪早期一个名为弗雷德里克·温斯洛·泰勒（Frederick Winslow Taylor）的美国人发起了所谓的科学管理革命，制定了一系列先进的管理法则，而这些法则随着时代的发展却未曾改变，"先进"逐渐变得"落后"。一个多世纪以来，泰勒及其后续的千千万万管理者致力于提升工作场所的效率，其结果是大多数企业仍然按照过时的、不合时宜且难以优化的原则运行着。

19 世纪，世界的工作场所都面临着重大的问题，诸如惊人的低效率、贫穷的工人和富有的老板之间的鸿沟，以及工人广泛的低参与度等。诸多问题的涌现加剧了紧张氛围，甚至出现了一种"墨西哥式"的对峙。这种形势激发了当时思想家的讨论热潮，每个人都在谈论难以避免的工作场所的混乱。比如，卡尔·马克思就此预言了一场阶级战争。他认为，对工人阶级的压制与剥削将不可避免地导致一场革命。马克思是对的。19世纪的工作场所问题确实引发了一场革命，但性质却完全不同。打破这些预言的，并不是一场期待已久的被剥削工人阶级的革命，而是由泰勒发起的"科学管理"革命。

泰勒的《科学管理原理》一书认为，思考应该与行动分离，管理者负责思考决策，员工负责落地执行。泰勒的理论作为"唯一最佳法则（The One Best Way）"被熟知，它主张每项工作都应该简化为任何工人都能理解的科学、详细、简单且可重复的机械活动。紧随泰勒的还有其他一些管理层，比如法国矿业高管、组织结构图的提出者亨利·法约尔（Henri Fayol），美国工程师、甘特图的创造者亨利·甘特（Henry Gantt），德国经济学家、"官僚主义"的文章撰写者马克斯·韦伯（Max Weber），以及著名装配线的提出者亨利·福特（Henry Ford）等。在接下来的100年里，泰勒的18次革命大大刺激了发达国家的制造业和运输业的生产力，年增长率达到3%~4%。这种爆炸性的增长使得工人阶级的收入增加，使工人阶级能够接触到更好的教育、医疗以及休闲娱乐。"革命"的确取得了巨大成功，生活在极端贫困中的人口从泰勒时代的 80% 降低至如今的不足 10%，近 90% 的人接受了基础教育。

在现代工作场所中，官僚主义者仍然占据多数，大多数的组织模式起源于工业革命，主要是基于泰勒等人的思想。对效率的无尽追求迫使许多组织以最少的精力、时间和金钱创造出最高的生产力。经过不懈努力，传统组织成功地引入了强大的科层制以及严苛的规则，使得工作越来越高度专业化。我们习惯于把组织塑造成金字塔的结构，由多层级的部门组成，组织内的大多数员工有着严格固定的工作内容和工作职责。这种方式曾经的确行得通，并且也为许多公司提供了成功的模式，占据了 20 世纪商业世界的多个领域。泰勒的思想影响深远，迫使更多的员工去处理那些无趣的工作……工作变得更难完成，决策过程极其缓慢，合作和沟通也因政见不同而受阻，周三成为庆祝工作日过半的高潮节点，员工行动与创新的意愿受挫。管理思想的世界似乎逐渐成为一潭死水。

我们辞掉工作的初衷是为了让人们的工作变得更有趣，我们创立了"企业叛逆者"，起草了"人生愿望清单"，开始拜访我们的"英雄"。值得一提的是，我们当时并没有遵循固定的筛选标准，比如所在的领域、经验年限、职称，等等，唯一的准则便是我们相信他们可以教我们如何让工作变得更有趣。我们不局限于进步的企业，同时还有企业家、作家、学者和各个领域的专家。清单逐渐扩大，短短几天已扩大到 100 多个，这些名字并非皆家喻户晓。我们不想要一张"名人堂"的名单，也不想只追求当下蓬勃发展的科技公司或现代的、流行的初创企业，我们追求丰富的多样性，以消除刻板印象，进而证明任何一种工作都可以是有趣的，不会因工作的内容、工作的地点而失去趣味。

我们寻找规模各异的组织，从荷兰的沼泽深处到地球的另一端，其中有些是跨国公司，有些是规模较小但结构完善的公司。我们调查了许多有趣的行业，如制造业、政府机构、银行乃至是美国潜艇。我们发现，"愿望清单"中有许多极具创造力与灵感的公司却成长于最意想不到的地方，这有时也成为它们实力的一部分。即使在最具挑战性的环境中，我们也能让工作变得有意思、有价值，这适用于世界上的每个行业、每个公司。是时候揭开谜团，分享我们挖掘的"清单"了！不过在故事开始之前，我们想分享一个想法：这本书并不是一套现成的解决方案，也不是把你的工作场所即刻变成天堂的魔咒，它是想法的汇聚、是改变的灵感源泉，从中选择你所需要的即可；这本书是选择、思想和灵感的序曲，并非强制遵循的严苛教条。我们希望你喜欢这个旅程。

"人生愿望清单"包含开拓者、"叛逆者"、革命者，学者，雇员、雇主，商界领袖等，他们改变了工作场所的沮丧面貌，并为工作带来欢乐，焕发新的生机。

我们通过亲自拜访来完成我们的"人生愿望清单"①。我们向他们学习，并分享他们的见解。读者可从"企业叛逆者"网站上查看我们最新的"人生愿望清单"，并阅读他们的故事和我们的最新发现。

---

① 译者注："人生愿望清单"汇集了百余位来自世界各地组织的学者、企业家、商业领袖等行业先锋，其中包括本书所提及的海尔、谷歌、Spotify 等，涵盖制造业、互联网、金融、医疗等多个领域，具体名单可登录"企业叛逆者"官网获取更多详情。

目　录

目　录

第一章
企业目的：
从"利润"到
"目的和价值"

露营车里一片漆黑，不过我们早已熟悉了它。过去一个月，我们驰骋在偌大的加利福尼亚州，一号公路是我们这三个星期以来的归宿，它是一条宏伟的、蜿蜒的沿海公路，始于洛杉矶，直达旧金山。闹钟响得很早，今天"叛逆者"正式出动，怀揣一种使命感卷起睡袋，叠整床铺。还记得文图拉海滩吗？很快我们便站在这酷爽的沙滩上，看着海豚和冲浪的人们，等待着我们第一位商业领袖主角出现：

奇珀·布罗（Chipper Bro）——巴塔哥尼亚（Patagonia）的首批员工之一。

巴塔哥尼亚是一家美国零售公司，成立于 1973 年，创始人是一位狂热的登山家，名叫伊冯·乔伊纳德（Yvon Chouinard）。他是个极为认真的人，由于当时缺乏专门的登山装备，他便自学锻造铁器，制造自己的装备。这些装备并不是凑合的自制"垃圾"，这等上乘质量的产品很快受到了攀岩界的欢迎，那时，他便决定以此为生。慢慢地，伊冯的公司业务逐步迈向全球，实现多样化。如今的巴塔哥尼亚不仅专注生产登山设备，它还为滑雪者、滑雪板运动员、冲浪者、飞鱼者和跑步者提供相应的产品和服务。值得注意的是，这些运动都不需要发动机，它们更关注人和自然之间的联系。因此，巴塔哥尼亚总部设在田园诗般的加州海岸也就不足为奇了。

我们沿着海滩漫步，享受着清晨的美景，好奇身在何处。我们在半明半暗中探索，没等走多远，奇珀开着一辆白色面包车向我们驶来。他把头伸出车窗外，"朋友们，准备好今天的冲浪了吗！"奇珀，以奇普·贝尔（Chip Bell）这一名字被人所熟知，他曾获得 11 次世界花式飞盘的冠军。他留着一头狂野的灰色鬈发，活像一个嬉皮士。车子开到我们面前，他下车了，给了我们所期待的南加州自由精神象征的拥抱。没一会儿，奇珀就把我们逗得哈哈大笑，简单相互介绍之后，他打开后备厢，车里装满了各式各样的冲浪用具，他翻出了两件黑色潜水衣，衣服出奇的合身，显然这是巴塔哥尼亚的品牌。接着又在车里一阵翻箱倒柜，他拿出了两块冲浪板，递给我们之后便领着我们上路了。"在我们谈论巴塔哥尼亚之前，我想让你亲身体验一下什么才是真正的巴塔哥尼亚。"天气依旧很冷，我们做了些热身运动，活动活动肌肉。

　　冲浪课程的确是个不错的开场，它十分符合其创始人的企业理念。这在伊冯·乔伊纳德的自传标题《冲浪板上的公司：巴塔哥尼亚的创业哲学》中也能略窥一二。在接下来的一个小时里，我们笨拙地试图在灰色的海浪中找到平衡，而事实是它比看起来更难。奇珀翻过一个又一个浪头，我们尝试自欺欺人，认为自己表现得还不错，直到课程的最后，我们用尽全力总算勉强能够站立一两秒钟了。在遭受足够的"打击"之后，我们就此收工。筋疲力尽但心满意足地躺在沙滩上，身后的太阳也总算露面了。奇珀盘着腿坐在沙滩上，望着大海说："你们能来我真是太开心了。我们去办公室吧，那里准备了丰盛的早餐，我要让你们好好深入了解下我们的企业。"我们收好潜水服和冲浪板，几分钟后便到了巴塔哥尼亚总部。一反往常的公司风格，这是一个紧凑的色彩缤纷的建筑群，容纳了约 600 名员工。停车场里有一些露营车，几辆汽车上晾挂着潜水服，的确是一个非常特别的公司总部。

正如普利策奖获得者安妮·狄勒德（Annie Dillard）所说："我们怎么过一天，就怎么过一生。"我们所做的工作很大程度上说明了我们的生活方式。想象一下：当你 80 岁的时候，你被孙子孙女们环绕着，他们问你最引以为豪的事情。你开始反思生活，回顾你的过去。你充满自豪地告诉他们你的生活……你会分享你的工作吗？你从事的职业是否为建设更好的世界做出了贡献？莱顿大学的研究表明，近 25% 的员工质疑他们工作的有用性。人类学家大卫·格雷伯（David Graeber）在他的《狗屁工作》（*Bullshit Jobs*）一书中引用了一项英国研究，研究显示，37% 的工人认为他们的工作对社会没有任何贡献。

当然，当人们仍徘徊在温饱线上挣扎时，追求有意义的工作并非首要选择。在西方世界的认知中，情况总是如此。为什么我们认同工作只是为了赚钱？我们为那些唯一目标是变得更富有的老板工作，为那些只顾眼前利益、不顾长远发展的股东卖力。这些狭隘的认知与现代的思维方式格格不入，直接导致员工的不快乐。如果我们拒绝这种情况，而是把时间花在更具积极影响的工作上，为积极变革的组织工作，那该有多好啊！我们可以强烈感受到，在为大公司所做的工作和个人价值的实现之间存在着偌大的不匹配。决策的制定绝大程度上是基于利润，整体策略跟钱息息相关，衡量企业成功的唯一标准是金钱，专注于利润最大化，这些会导致病态的短期思维。管理层被股东推着决策以确保迅速获得投资回报，而这通常是以牺牲当下的每件事和每个人作为代价。这对世界毫无疑问是无益的，而且会降低积极性。近来《商业伦理学杂志》上的一篇论文表明，当利润不再是企业的首要考虑因素时，员工的积极性会提高 17%~33%，该论文得到了五项研究的支持。但似乎这早已不是新鲜事儿了：几十年来的研究表明，追求更高的目标比追求更高的利润更能激发员工的积极性。当我们拜访"人生愿望清单"中的先驱和畅销书《驱动力》的作者丹尼尔·平克时，我们学到许多，他说："'我对世界有什么影响'这个问题是至关重要的，意识到自己对世界的贡献是鼓舞人心的。"但遗憾的是，企业在制定更高目标这方面却无所作为。

　　理论知识和生活实践的确存在巨大的差异。虽然这对企业来说并不难理解，但它们仍可能会犯严重的错误。企业认知中的员工和消费者并非那么聪明，便会导致这样的情形：领导者头脑一热，拍拍脑门，"是的，我们应该与时俱进！追求更高的'目标'。"他们不顾员工的参与意愿，便聘请外界咨询顾问确定公司崇高的目标。很快地，目标确定了。结果是，目标非但不能达到理想的效果、徒劳无功，而且可能更加挫败员工的积极性。那再发起一场营销活动，让全世界知道我们目标导向型的企业文化？最后留下的可能只是一个看似光鲜的电视广告和朗朗上口的旋律，一切都没有改变：决策的动机没变，员工奖惩提拔的准则没变，衡量项目成功的标准没变。对于从未参与企业目标决策的员工而言，一切都停滞不前。

加利福尼亚风格

巴塔哥尼亚的氛围让我们不自觉地想起了山间小屋。奇珀的办公桌在入口处附近，作为巴塔哥尼亚的"接待员"，他是许多到访者见到的第一个人。正当奇珀带领我们前往餐厅吃早餐时，员工们陆陆续续到达，气氛融洽轻松，低声交谈、笑声不断，有孩子和宠物的相伴，他们开启巴塔哥尼亚的一天。这也正是我们有所耳闻并不断在寻找的非正式的工作场所。

早餐后，我们坐在木制的野餐桌旁沐浴着加州的温和阳光。这一天里，不断有员工前来拜访，分享他们的故事，回答我们一连串的问题。没有限定的角色和年纪，我们与各式各样的人攀谈：社交媒体的专家、负责分销的员工、实习生和管理层等。每个人似乎有着相同的爱好，他们喜欢户外生活、冒险、健身等激发肾上腺素的运动。在巴塔哥尼亚，一切都是为了更高的目标，这体现在每个员工的表情和态度中。他们是一群自由思考的散漫、聪明、不寻常、有趣的人，他们相信自己的产品，也是最忠实的用户。他们与自然建立某种联结，同时也奉献于企业。巴塔哥尼亚员工分享的真实性、工作参与度是显而易见的，是令人鼓舞的，而这在职场中是不常见的。其中一位员工说道："我们想要设立可供他人遵循的标准，但最终我们只是想做正确的事情。"这话听起来很棒，但这在现实世界中是如何运作的呢？

奇珀的办公桌上方挂有一块木牌，上面刻着巴塔哥尼亚的使命——"做最好的产品，不造成任何不必要的伤害，从商业角度启发和实现解决环境危机的方案"。"做最好的产品"是巴塔哥尼亚存在的基础，自成立以来它始终致力于提供最好的产品。创始人乔伊纳德在他的自传中写道："我们是一个以产品为导向的企业，优质产品是我们的立身之本。"这种态度从多方面激励着员工，不论负责什么任务，包括建立社交媒体渠道、提供客户服务、撰写和交付研究报告、装备零售商店、运营幼托服务等，他们都投入最大的耐心和精力。幼托服务？你可能有点好奇。没错，孩子们环绕在员工的办公桌旁愉快地玩耍，工作闲暇之余，员工也会陪孩子玩耍。巴塔哥尼亚提供的这项幼托服务抓住了我们研究的许多方面的精髓，我们也向奇珀询问此事。他解释道："这是一个十分务实的方案。最初的几年，我们中的许多人都到了成家的年纪，包括伊冯和他妻子玛琳达在内的一些员工开始带孩子上班。不久，公司出现了第一批婴儿床。当然，这并不是皆大欢喜的事情，孩子的啼哭声不绝于耳，使得工作场所十分吵闹。又过了两年，我们才研究出相应的解决方案，我们聘请了一位专家帮助我们正式启动了幼托服务。"

巴塔哥尼亚的先驱精神还体现在与新的立法机构合作上。幼托服务由合格的教师们牵头，他们鼓励孩子们向大自然学习，多花些时间待在户外。这项措施不仅方便了员工，也利于公司的发展。一位妈妈告诉我们："在巴塔哥尼亚，产假结束后有95%的员工重返工作岗位，而全国平均水平是64%。一半的中层管理和高级领导团队成员是女性。"如此高的返工率每年为巴塔哥尼亚省下35万美元的人力资源成本，实现了员工和公司的双赢。巴塔哥尼亚还有更高的目标：不造成不必要的伤害，从商业角度设想和实现解决环境危机的方案。为此，巴塔哥尼亚多年来始终关注生产制造过程的影响，自我反省十分严格，有时甚至会对核心业务造成严重的影响。一位 20 世纪 80 年代便在巴塔哥尼亚工作的老员工告诉我们："从那时起，我们便开始审视自身污染者的身份，比如说，发放纸质版的产品目录是一个相当重要的销售方式，我们印制了成千上万册送往世界各处。

"册子起初由普通纸张印刷制成，慢慢地，这种方式变得不再被接受。1990 年我们决定只使用回收材料，逐渐寻找到一种替代品，因其仍处于测试阶段，直接导致了印刷质量的降低，画面模糊，色彩平淡。庆幸的是，14 500 棵树得以挽救，我们的努力没有白费。第二年，这种再生纸得以改善，很快就达到了我们原来的标准。"

企业对更高目标的奉献也指明了前进的道路，能够保证自身做出有利于自身发展且益于地球环境的决策。20 世纪 90 年代，巴塔哥尼亚再次用批判的眼光重新审视其供应链，它调查了自己最常用的纤维的污染特性：羊毛、聚酯纤维、尼龙和棉花。研究人员发现，传统棉花的种植会严重污染环境，种植过程中使用了大量的化学物质，这些物质污染了土壤、空气和地下水。同时，棉花极易缺水，消耗着巨量宝贵的水资源。1994 年，巴塔哥尼亚做出了一个大胆的决定，禁用传统材料，尽可能用有机种植棉花取代。就这样，巴塔哥尼亚再次成为行业先锋。

这是一次极具风险的尝试，不可避免地带来一些严重的后果。当时，巴塔哥尼亚 20% 的收入来自以传统棉花为原料的产品，有机棉花的种植仍处于起步阶段。巴塔哥尼亚觉得有义务采取行动，建立一个全新的、关系 2 000 万美元的行业。巴塔哥尼亚的这次尝试成功地得到了全体员工的支持，随后安排他们到当地棉花田游览。一位员工分享道："我们看到了种植棉花和使用农药对环境造成的破坏，深受触动。数百名员工参与其中，从看到污染的那一刻起，大多数人决定开始购买有机产品，公司也鼎力支持这一决定。"资金到位，不到两年就完成了转变。巴塔哥尼亚几乎全面使用有机棉花，成本增长近 3 倍，可供选择的面料种类减少，款式从 91 款减少到 66 款。

这一崇高的目标（拯救我们的地球家园）深深扎根在巴塔哥尼亚每个人的心中。"我们审视每一位合作伙伴，只与那些以可持续和有责任的方式行事的组织合作。我们永远不会百分百满足，改善和可持续是永恒的挑战，永远不局限于做衣服或打印产品目录。"巴塔哥尼亚人有一种团结一致的目标感，这降低了组织对规章制度的需求。"做最好的产品，不造成任何不必要的伤害，从商业角度启发和实现解决环境危机的方案"作为每个项目的指导方针，提高了效率，促进沟通，提升了员工的自主性。

一位年轻员工向我们讲述了巴塔哥尼亚创造办公空间的方式："我们更倾向于找到一幢免于拆除的老建筑，进行装饰或翻新。在重新建造的过程中，我们只使用可回收的材料，这是最负责任的做法，也更符合我们的理念。"我们的到访恰逢美国选举，巴塔哥尼亚员工也都参与其中。"为我们的星球投票（Vote Our Planet）"是他们的竞选口号，由员工提出，被所有人拥护。他们的目标是激励国人，指引正确的方向。不仅如此，巴塔哥尼亚还为那些提倡清洁水资源、清洁空气以及可持续能源的候选人提供了100万美元资金支持。经历了一天的参观后，公司也"打烊"了。"我们希望鼓励员工和顾客投票。"奇珀解释道。晚些时候广播里传出了他的声音："女士们，先生们。早上好，祝大家有美好的一天。明天是至关重要的一天，希望大家可以帮个小忙：去投票！每一票都至关重要。"

没过多久，巴塔哥尼亚再次履行了诺言，它将2016年"黑色星期五"的所有销售利润——破纪录的1 000万美元，捐赠给了环保组织。巴塔哥尼亚的慷慨支撑了数百家非营利组织的运营，它不仅仅是一个品牌，更是一个社会顾问，为它想要看到的改变而做出改变，进而影响消费者的选择和责任。改革者发动革命，他们不局限于赚钱，同时也致力于组织变革。

"巧克力"和"甜菜根"

我们参观了网上鞋店 Zappos 的拉斯维加斯总部，那里一切的设计都是为了"传递快乐"；阿姆斯特丹的巧克力品牌东尼先生的寂寞巧克力（Tony's Chocolonely）更是如此，它致力于消除可可行业的奴隶贸易，使巧克力成为消费者的快乐源泉；荷兰的抵押贷款顾问公司 Viisi，致力于为金融世界创造一个可持续的未来；瑞典 - 乌克兰的 Beetroot 通过提供教育和就业机会，努力提高乌克兰农村人口的生活水平。这些改革者追求更高的目标，关注的焦点从不局限于利润率。这可能会导致失败，但革命永不消亡。

这些公司认为，每一个行动都有相应的道德结果，员工更能够对这种关心的态度共情，因而感觉与雇主的关系更为密切。一个鼓舞人心的"目的"会带给人一种归属感，而人们都希望成为社区的一部分，变革的一部分，革命的一部分，更有意义的事物的一部分。当然，对一个组织而言，利润是重要的，它为目的的实现提供资金保障，但它应该是手段，而非最终追求。利润就像氧气，它是维持生命的必要条件，但不是人类生存的理由。

　　更高的"目的"定义了目标。它并未告诉我们应该如何实现目标，或者是人们应该如何互动，它不需要受到规则、程序和协议的保护，由企业核心价值观提供方向和动力。然而，世界上只有少数公司坚持自身价值观并将其视为一种驱动力，价值观应当根植于一切企业活动中：招聘、选择、奖励、入职、决策、请假、假期……

　　在荷兰围垦地的深处，有一个镇议会显示出鼓舞人心的更高目的所具备的力量。我们对听闻到的情况感到好奇，于是重新上路，去拜访"叛逆者"安雅·范德霍斯特（Anja van der Horst）和维姆·范推佛（Wim van Twuijver）。他们是北部城镇融合体 Hollands Kroon[①] 议会的董事。沿途中，我们看到了一个非常典型的明信片般的荷兰景色：一块围垦地上，有运河和风车。在诸多议会办公室中，安雅带领我们来到一个愉快的工作场所，灯光衬着，有些节日氛围。这位业务运营总监是一位女性，笑容迷人，举止随和，留着一头短短的鬈发，身着一件黑色皮夹克，一副"叛逆者"的模样。她给我们倒了咖啡，坐了下来。作为三位董事之一，安雅始终在引领议会的重大变革转型。"新的自治市于

---

① 译者注：Hollands Kroon，位于荷兰的西北方，是一个于 2012 年合并而成的直辖市。

2012 年在北荷兰省（荷兰的 12 省之一）建立，Hollands Kroon 包括 Anna Paulowna、Wieringen、Wieringermeer 和 Niedorp 等城镇。一群市长和市议员一直在努力实现变革。""我们要实现什么？"他们问自己。"我们的价值是什么？我们想给公众留下的印象和意义又是什么？"

Hollands Kroon 立志成为荷兰最智慧的市政当局，以应对不断变化的世界。安雅说："人们追求速度、效率和定制化，这意味着地方政府必须打破旧有的模式，事情能否做得更好、更有效率、更容易？"核心价值观的力量来自采取战略性的改进措施，而这正是 Hollands Kroon 所做的。它综合考虑了 6 种核心价值：信任、勇气、热情、联系、尊重和创新。通过员工的全身心投入得以践行。"这是一个循序渐进的过程。价值观并非目的，而是我们身份的一部分。"

信任是首要的，它确保了繁文缛节可以安全地被废除。请假不需要征得许可，也不需要再三核实工作时长。员工对教育和发展的预算使用有相应的发言权，工人掌握了选择权。客户服务重新焕发生机，市政法规也进行了调整与改革。"我们最终摒弃了 70% 的规则，"安雅说，"我相信，如果组织能够表现出对员工的信任会带来很多好处。"合作是 Hollands Kroon 的常态，市政通过网站、社交媒体或电话等数字化及远程的方式回答和解决问题。如果市民需要更多帮助，公务员会亲自拜访，寻找解决方案。Hollands Kroon 的产品和服务通常是免费的，它也是荷兰第一个免费提供护照的市政当局，每周 6 天，不限地点。

不可避免地，任何组织都会出现裁员的情况，这也正是体现“尊重”的核心价值的时候。安雅解释说：“有些人是自愿离开的，有些人是被解雇的。我们尊重每个人的选择，过程中也不会涉及任何法律程序。”新加入的员工必须接受核心价值观的考验，“这能够帮助他们判断 Hollands Kroon 是否适合他们，同时，所有潜在的新同事也都有机会正确地认识 Hollands Kroon。简历不重要，个性才重要。只有当候选人与价值观契合时，他才能进入下一轮涉及技能的考察。面试通常会经历 2~3 个选择阶段，每个阶段都有不同的标准。有时是案例研究，有时是角色扮演，有时是体验工作日，等等。”

我们在音乐流媒体平台 Spotify 看到了类似的原则，Spotify 所奉行的座右铭是：“我们雇佣与企业文化契合的人，然后培养他们的能力。”在每月招募的 100 名员工中，Spotify 首先关注的是文化契合度，其次才是才华、资格和技能。Spotify 的人力资源总监卡塔琳娜·贝格（Katarina Berg）在我们拜访斯德哥尔摩总部时给了我们启发。她说：

"起初我们采用的是完全相反的方法，这让我们很难不聘用具备优秀技能但不符合我们核心价值观的人。现在，我们做出了小小改变，调整为先进行文化契合度的面试，这确实夯实了我们的力量。"

Hollands Kroon 则采取了更激进的措施，效果显著。管理层以及各个部门被糅合调整为 3 名总监和 35 个平均 5 ~ 8 人的自我管理团队。各个团队负责自己相关的预算、招募、沟通，并自行与居民联系。私人办公室和"打卡上班"的心态被改变。对于一个拥有 330 名员工的组织尤其是政府部门来说，这的确是相当叛逆的举措。

全球各地的开创性实践

更高的企业目标和核心价值观乍一听似乎极为虚无缥缈，如果能够认识到它们的潜在利益，它们便变得不可或缺。我们拜访过的"人生清单"中的先锋们早已向我们证明，目标是会有回报的。更高的目标不仅提高了员工的积极性和参与度，还能够直接创造出更好的财务效益。注重高目标的公司比竞争对手的表现要出色 10 倍以上。同时，消费者也更愿意选择那些专注于产生积极影响的公司的产品和服务。

第一章　企业目的：从"利润"到"目的和价值"

在《哈佛商业评论》中，亚当·格兰特（Adam Grant）教授及其同事就"组织应该如何吸引和留住人才"的话题展开了讨论，得到的结论并不意外：更高的目标和适合的核心价值观是两大人才激励因素。然而，如何使其成为企业的核心？100 多次的拜访又教会了我们什么？是什么让领袖者们脱颖而出？接下来我们将与大家分享一些组织管理的"叛逆"方法。

第一级：确定一个大胆的目标

向公司、慈善机构、供应商以及客户和员工中志同道合的人伸出援手，鼓励他们加入这场革命，或是献出自己的一分力量。这一目标必须是真实、诚恳、无畏且实际的，它是企业的道德指南针，在顺逆境中掌舵航行。更高的目标必须具备真正的方向感，在挫折与迷茫中指引方向。无论事情多么令人困惑或具有多大挑战，目标是我们赖以生存的基石，并为我们提供了许多答案：公司存在的原因是什么？工作的意义是什么？员工的附加价值是什么？我们是谁？我们是否说话算话？我们做事是为了谁？我们想做出什么改变？这些答案必须成为每个行动、每个决策以及每个人的准则。

第二级：将信息传达给所有人

公司的每个人都应该知道更高的目标，不论任职年限如何、身份如何，目标本身不会因个人而改变。回顾一下巴塔哥尼亚的原材料棉花之旅，Zappos 的员工职业生涯都开始于客户服务。这些经验能够帮助他们更详尽地了解公司、产品等相关信息，以更好地理解工作。

更高的目标和核心价值观应该应用于方方面面，确保每个部门、每个团队、每个员工都可以认识到自身的贡献。

第三级：招聘应基于候选人与企业文化的契合度，而非技能

美国西南航空公司的创始人赫伯·凯莱赫（Herb Kelleher）说过，"商业的核心是人"。员工的选择与招聘基于他们的价值观。西南航空深知员工是企业文化的守护者，企业可以培训员工驾驶飞机、服务乘客，却无法改变他们的本性。这也是为什么西南航空努力进行细致的招聘，在 6 个月的试用期里筛选那些适合这份工作的人。一项基于员工的调查显示，75% 的西南航空员工认为工作是"一种使命"，86% 的员工为航空公司工作感到自豪。而这不正是意义所在吗？

第四级：衡量影响，追踪进展，广泛分享

你是否完成了你的目标？员工需要转变认知，把自己视作更大整体的一部分，清楚自己的行为会带来更大的利益。透明、真实且诚恳。巴塔哥尼亚每年都会公布其污染率以及它给予支持的非营利组织，东尼先生的寂寞巧克力则关注可可行业中被剥削工人的发展情况，并诚实公开地传达这一信息。

第五级：行动至上

俗话说，行动胜于言语。如果你无法用行动兑现承诺，便会失去真实性和可信度。巴塔哥尼亚为了减少环境污染，砍掉了盈利的生产线，将"黑色星期五"的利润捐赠给有价值的事业，同时，它还将其年收入的百分之一用于支持非营利组织，日复一日，年复一年，为更高的目标奋斗不息。

第二章
组织架构：
从"科层制金字塔"到
"团队网络"

自 2016 年以来，我们拜访了许多业界首席执行官、企业家、学者和大师，然而拿到敲门砖并非易事。

在这过程中，我们练就了高超的"追踪"技巧，有幸达成了不少精彩的会晤。尽管如此，在我们"人生愿望清单"上的一家公司——"海尔"（中国白色家电制造商）让我们的进程举步维艰。我们尝试利用各种渠道联系海尔 CEO 张瑞敏，在经过无数邮件、电话以及他人帮助之后，事情渐渐迎来转机。不久后，我们便收到青岛海尔总部发出的访问邀请。

我们迫不及待地想看看这家大企业幕后的情况。一个月后，我们便坐上了飞往"神秘东方"的飞机。当我们抵达青岛时已是傍晚，两名海尔员工正在此等候。司机开车驶过拥挤的街道，其间给我们做了简单的介绍，并分享了未来一周的日程表。这是一份令人印象深刻的文件，类似一套国际贸易代表团的行程安排。每天都有相应的计划，比如参观海尔的工厂、博物馆，以及与员工交谈，其中最大的亮点当属与海尔主席张瑞敏的会谈。

这是圣诞节的前一周，我们在青岛这座海滨城市待了几天。这也是海尔的故乡，换句话说，我们是在自然中探索并感受我们的研究目标。我们仍有时差，但的确没时间慢慢适应。司机一大早在门口等候，然后把我们送到海尔总部。我们并不孤单，为了这次访问，海尔特意安排了从上海赶来的翻译和记者，不仅如此，随后海尔内部的电视台摄制组也相继出现。海尔人热衷于分享，也乐于倾听，除了从内部人的视角分享海尔，他们也想了解我们从其他人那里了解的海尔。我们也终于能够一眼目睹海尔背后的风采，揭开这座神秘东方企业的面纱，这对我们来说意义重大。我们一直好奇，一个生产力相当于一座现代区域中心的企业是如何运行、如何重塑自己的。我们想要最可靠的信息来源——与海尔主席张瑞敏的会谈。

张瑞敏先生已 70 多岁了，友好、睿智且精通商业之道。他深度研究过管理学历史，并喜欢引用一些我们也很敬佩的大师的话。每聊一会儿他便会提及彼得·德鲁克和加里·哈默尔，毫无疑问，此时此刻在办公室外的某个地方，张先生自己也被他人探讨着。张先生是一个极为谦逊的人，尽管他把海尔从一个几乎破产的小企业发展成当今世界上最大的家用电器制造商，历经 40 年所实现的变化犹如魔法一般，他也不曾展露任何自负与傲气。

在后来的一次海尔访问中，我们遇到了加里·哈默尔（Gary Hamel）。这位美国教授和畅销书作家多年来一直在与官僚主义这一组织性疾病作斗争，尽管如此，真正的变化却微乎其微。哈默尔的研究表明，目前大型企业更加趋于保守，组织架构具有至少 8 个管理层级。8 个！金字塔的每一层都有一定的权力，对下层员工所做的工作加以评估。

哈默尔教授告诉我们"官僚主义正日益盛行"。但究竟是为什么？组织不断制定规则以实现集中化，而这则是一大笔支出。根据哈默尔教授及其同事米歇尔·扎尼尼（Michele Zanini）所做的研究，官僚主义每年造成的社会成本仅在美国就高达 3 万亿美元。金字塔结构是丑陋的尖形，顶部是董事会，紧跟着的是一层层的管理层，而最令人窒息的底层，才是执行真正工作的员工，如此结构必将造成灾难。部门之间沟通存在缺陷，每个人都故步自封地捍守自己的小领地。这似乎也合乎常理，毕竟每个部门都是根据自身表现进行评估的。销售部与客户达成协议，并将其转交给生产部，生产部试图接下任务执行，有时却与市场部产生冲突，市场部门自身又会与财务部发生争执，而财务部门与所有部门"战斗"。这种"冷战"往往以取悦客户所做出的努力划分优先级，这对任何人都没有好处。研究表明，92% 的组织负责人对传统的组织结构感到担忧，他们认为做出改变是最应优先考虑的事情，这是正确的。尽管认识十分清晰，但在实践中仍面临着诸多实际问题。在接受研究调研的领导者中，86% 的人因为不知道如何解决这个问题而揪心不已。

认识到变革的必要性和实现变革之间有很长的路要走。公司高层往往闭门造车，而非与员工之间进行定期的交流。随之而来的是领导层不可靠的行为，比如召开无休止的协调会议。内布拉斯加大学的研究表明，美国一天会举行多达 5 500 万次会议，员工平均每周花在一次会议上的时间为 6 个小时，管理层情况更糟，他们平均每周花在会议上的时间约为 23 个小时。其中至少有一半的时间是"无效"输出，浪费时间和金钱。研究人员表示，这使组织再次浪费了2 130亿美元（相当于加州2019年的财政支出预算），而这些会议往往只会让事情变得更加糟糕。

"东方"的耳语

在海尔，我们知道张瑞敏可以告诉我们组织模式变革的一切，从起初的层级结构到现在的人单合一。但有一个小遗憾：张瑞敏不会说英语，我们不会说中文，一个复杂的过程开始了。一间带皮椅和超大硬木桌的房间，至少可容纳20人的会议室，麦克风放置整齐。我们坐在一侧，张瑞敏和他的随行人员坐在另一侧。我们提出问题，译员实时翻译。会议室有台摄影机全程录影，几位摄影师进行拍照，在场的还有其他几位，职能不详。尽管存在语言障碍，交流还是很顺利，张瑞敏同我们分享了海尔转型的路径和挑战。

变化几乎都不具有永久性，很少能长达10年。张瑞敏带我们回顾了海尔的五大转型历程。这是成功管理方面极具启发性的一课。"1984年，我被青岛市政府任命为当时的冰箱厂的厂长，"他回忆道，"这是一场赌博，此前工厂一直处于亏损的状态，而我的任务是从混乱中做出些成绩。"这绝非易事！多年的管理不善使工厂早已负债累累，车间一片狼藉，几乎没有人在工作，因为根本没有什么可做的。

"我们收到一封愤怒顾客的来信，因为她新买的冰箱已经坏了。这个消息让我又惊讶又失望，于是我检查了工厂的库存，发现我们生产的冰箱有20%（总共76台）是残次品。我不知道该说什么，这的确难以接受。难题来了，该如何处理这76台坏冰箱呢？受愤怒情绪的驱使，我们把它们搬到工厂的中央，拿起大锤，砸碎了其中一台冰箱。虽然这一举动看起来不太得体，但确实达到了预期的效果。当时冰箱贵得离谱，一台冰箱相当于一个工人将近两年的工资。员工们站在一旁看着，惊恐不已。在砸完第一台冰箱后，我让其他员工跟我一起砸碎了剩下的75台冰箱。"

正是这戏剧性的一幕，开启了长达数十年的第一次海尔转型。在这场毁灭性的粉碎狂欢之后，张瑞敏召开了会议。这是第一次海尔重大转型的起点。"我们迫切需要管理秩序。因为中国并没有太多的管理先例可以借鉴，所以我不知道从何开始。我开始深入研究西方的管理理念，放眼西方，我发现欧美的许多企业采用科层制金字塔的组织结构来加以管理，而东方像日本的公司正在初步引入精益生产和全面质量管理等原则。我从中受到许多启发，便开始将工厂构建为金字塔的组织架构，并持续改进和创新。"

海尔很快打开中国市场，变得家喻户晓，逐渐成为"高质量产品"的代名词，各种奖项接踵而至。当海尔在国内打响知名度后，下一步的目标是获得全球市场的认可。张瑞敏深知，为了保持企业的持续增长，海尔必须生产一系列产品。20 世纪 90 年代，张瑞敏决定收购亏损的工厂，在选择工厂时，他采取了一个非同寻常的策略——"好的产品和糟糕的管理"。

通过改变这些工厂的管理方式，海尔在没有投入大量资金的情况下，迅速使它们扭亏为盈。张瑞敏也认识到倾听员工意见的重要性。"只要员工被赋予发挥自身才能的空间，管理就是成功的。20 世纪 90 年代，我们的核心目标是打造一个世界知名品牌。为此，我们必须给员工足够的发挥空间。"随着海尔快速增长，金字塔组织架构的局限性日益凸显。海尔的发展速度逐步放缓，业绩一落千丈。架构重组急不可待。张瑞敏说道，"当我们意识到必须摒弃金字塔架构时，我再次将目光投向全球。在西方，我看到了矩阵管理模式的兴起。员工根据职能被划分为不同的部门，向上级或项目负责人汇报，而这种多元化管理方式正是我们所需要的。"

在第二次转型中，海尔在矩阵管理模式中重生，随之而来的是一系列刺激创新举措的实施。员工被鼓励提出有效的建议来改善现有产品或解决严重的问题，并有幸以自己的名字命名他们创新的作品。在此期间，在我们参观海尔的一家工厂时，我们目睹了这一点。一位员工向我们讲述了一个以他的名字命名作品的过程，他也因此赢得了同事们的尊重。这种激励机制引发了持续创新，员工花更多时间梳理自己的项目和想法。持续激励、持续创新造就了海尔的迅速扩张期，在20世纪的最后10年里，海尔一举成为中国最大的冰箱制造商。巨大的成功使海尔这一品牌逐渐出海，而这在当时的中国是极不寻常的。通常来讲，国内的工厂一般是在西方品牌的授权下进行大批量生产。张瑞敏对他的员工和产品的信任是对组织的信任。

"出海创牌"这一大胆策略很快得到了回报，海尔在开拓和建立本地和国际市场方面均取得了显著成绩。千禧年过后，海尔这一品牌不仅得到国内外的认可，也喜获诸多赞誉。然而，商业世界从来没有一劳永逸的模式。不久后，海尔再次碰到难题，矩阵管理模式的局限性也慢慢凸显。生产放缓，挫折不断，内部系统似乎逐步变得低效。员工花更多的时间撰写报告，而非服务客户。

"在20世纪80年代，金字塔组织架构运作得很好；在90年代，矩阵模式逐步代替金字塔结构。"张瑞敏分享道，"而时间来到了 21 世纪初，企业发展得如此之快，以至于整体系统的运作无法跟上增长的脚步。"是时候再次转型了！曾经害怕和试图规避的变革已经成为企业持续进步不可或缺的一部分。此时，张瑞敏看到跨国公司纷纷实验卫星组织，21 世纪初，他决定加以效仿。随着互联网时代的到来，第四次转型来得比海尔预期的要早。互联网使用户可以更方便地货比三家，满足自己的特定需求。张先生迈出了大胆的一步：推动基于零库存的即需即供，倒逼整个体系去满足用户的个性化需求。这是十分冒险的，因为企业不想让客户等待。为了尽可能缩短交货时间，海尔开始通过收购外国品牌来增加其在本土的产量，其中包括日本三洋的白电业务、新西兰最大的家电制造商斐雪派克、美国通用电气的家电业务等相关资产收购。

此刻，我们仍然坐在超大的海尔会议桌前，张瑞敏继续说道："我们仍然努力实现企业内部的转变。在服务顾客的同时，我们开始感觉到发展的瓶颈，我们知道这意味着另一场变革蓄势待发。然而当我望向其他企业时，目光所及之处不外乎'金字塔结构、矩阵模式和卫星组织'。我看不到任何突破性的创新与灵感。那时我便知道，这就是我们成为先驱的时刻。"

像企业家一样思考

张瑞敏摒弃了传统的组织结构，将海尔划分为 2 000 个自主经营体，它们是自组织的单元，实现由"科层制金字塔"到"链群"的转变。这些自主经营体赋予员工像企业家一样持续创新和思考的自由。在这种组织架构之下，每个人都可以开发全新的产品或服务。员工、供应商和客户通过投票决定最具潜力的提议，进而创建新的自主经营体。创意的发起人自然成为领导者并组建属于自己的团队，认为自己能够为此赋能的员工都可以加入自主经营体。由此看来，奖励基于组织自身的表现（绩效），它们如同小型自治公司一样运作。

互联网时代日益革新，海尔也在不断发展，这让张瑞敏十分着迷，"我认为未来只存在两种组织：平台和依赖它们的组织。"正是这种理念，推动海尔不断变革、遵循着时代的洪流而发展。它以消除官僚主义、拆除组织壁垒、缩短响应时间和激发创业思维为目标，逐步实施了"人单合一"模式，带来了明显的变化。其中一项重大决策，海尔裁减 12 000 名中层管理人员，2 000 个自主经营体转变为 4 000 个小微企业。

顾名思义，小微企业（以下简称"小微"）是由员工自主经营的小型公司，大多数由 15 名员工组成，少数小微可能更少，也有的多达 200 名。员工，或称为创客，全权负责提供产品及服务。他们设法维持小微的运行，并确保提供最优质的客户服务。客户可能是海尔内部的（向海尔组织内的其他小微提供人力资源服务），也可能是海尔外部的（购买冰箱或微波炉等的人）。小微之间、小微与供应商之间相互联系，保证了市场的正常运行。在这个市场中，所有小微共享海尔平台资源，相互合作。

给我们留下深刻印象的是人单合一模式最新发展的重要性。"我们创建了一个以创业精神为核心的组织。每个人都可以成为自己的 CEO。"员工被赋予相应权力，几乎可以做出所有决策，而无须咨询上级意见或违反规定。从员工到领导的用人权、利润的分配权，再到战略权。海尔甚至开始尝试共享企业所有权，让员工成为小微的股东。海尔愿意就此创造庞大的团队网络，进而成为"链群网络"。

海尔多次转型的故事十分令人振奋，这也是我们想通过"人生愿望清单"探索和分享的事情。这不仅是一个企业成长和发展的故事，更像是一段冒险奇旅，是组织科学从过去到现在，以及前往可能的未来的旅程。更令人欣慰的是海尔为员工创造的独特模式，在与张瑞敏交谈过后，我们想更加深入研究小微企业的世界，探索更多概念与细节。另一方面，我们想要了解海尔模式是否能激发员工的创新与企业家精神。

在众多小微之中，我们深入研究了一家名为雷神科技（Thunderobot）的公司。在此间我们采访了许多海尔的员工，包括雷神科技的董事长、此前海尔笔记本电脑部门的路凯林。路先生说："我发现市场对笔记本电脑游戏功能的需求不断增加。"于是，路先生和他的同事一拍即合，试图研发制造游戏本进而填补需求的缺口。"这其实并不简单，但在解决核心痛点之后，我们的唯一想法便是进一步研发。"海尔创建了一个内部投资平台，使员工可以接触到财务、公司名称、品牌和所有资源，小微可以借助供应链持续扩大效益，获得其他部门的内部专业知识，如财务、营销、人力资源等。海尔成了初创企业的孵化平台。

路凯林和他的团队成员得到了回报。2013 年夏天，雏形演变成雷神科技，路先生及其伙伴也由此一跃成为企业家。同年 12 月，第一台雷神游戏笔记本电脑上市，这是一个巨大的成功。"上市仅 5 天，我们就卖出了 500 台，而在第二次交货期间，21 分钟内下单 18 000 件。收入迅速增长，在 2017 年超过 1 亿欧元大关。"近几年，外部投资者接连不断，雷神科技也启动上市计划。它向我们展示了海尔如何发展、消除、转移或控制企业边界以创造一个合作时代的经典案例。我们问路先生这一切对他产生的影响，他笑着说："我做梦也没想过我可以创建一家这样的公司，自从雷神科技成立以来，我也获得了许多方面的成长，这在以前的公司是不太可能发生的事情。"团队中的每个人都有共同的理想和动力，积极进取、积极主动、积极参与。"这并不总是那么容易，每个员工的职责在增加，我们必须继续在薪水、股票、招聘和解雇方面做出艰难的选择。这些都是非常棘手的问题，但它带来了极大的满足感。"

在后来的访谈中，我们听到了许多类似路先生的成功故事，看到了海尔独特模式结构的引领方向：创业、动力和创新，这无疑为公司带来了回报。数据表明，初创企业注册成功率约为50%。如果这个数字不够惊人的话，思考一下，其中只有8%能够生存下去，更别说成功了。过去的几年中，海尔实现爆炸性的增长。回想我们与张瑞敏的对话，我们可以看到他的愿景是如何变成现实的。挥舞大锤的"异类首领"因为对海尔品质和品牌的守护摧毁了那些冰箱，每一次的重击也就意味着旧传统的毁灭。拙劣的科层制组织被自由且适应性强的组织架构所取代。张瑞敏用一个比喻生动地来解释了海尔的4 000个小微："我们如同热带雨林一样自我组织，故事的最后，帝国终将崩溃，而雨林将持久不衰。"

海尔的组织管理方式可以与许多其他的行业先驱相媲美。在我们的中国之旅之后，我们在世界的其他地方遇到了许多同张瑞敏一般的领导者，他们发现、创建了类似的组织结构，并从中受益。员工被分成小型、自治的团队，有时是独立的公司（如"小微"）。他们专注于特定的市场、地区、产品或客户，同时被授予相应的自主权，更重要的是成为企业家与先驱的权利。具有讽刺意味的是，一旦实现增长，某些组织便会退回到更熟悉工作方式的舒适圈中。因此，彻底转变并非易事，罗马也并非一日建成。一旦成功，对员工的工作投入以及职业发展都会产生巨大的影响。

不得不承认的是，大多数人工作所处的仍然是一个早已成为历史的稳定、缓慢和可预测的世界所构建的系统，发展缓慢，摇摇欲坠，是时候寻找新的前进方向了。试想一下，当组织中保持最低限度的官僚主义色彩，不浪费时间进行无聊且沮丧的会议，也不再仅仅是遵循老板的命令做事，那么，我们会有多少时间来做有用的工作并让客户满意？最极端的情况便是与自己的团队一起经营自己的初创公司，而这对你的动机和参与度会有什么影响？

你怎么能做到这一点？为了寻找答案，我们请教了许多通过转变组织结构而带来自由的公司。与传统的层级制金字塔不同，这些先驱者为员工创造了一个灵活、快速和高度参与的工作环境。我们发现这些先进组织中最常见的结构是"团队网络"，它出现在各种类型、各种规模的组织中，出现在形形色色的文化和行业中。我们拜访了荷兰博组客的护士和看护者，Breman 的建设者、邻软（Nearsoft）的 IT 人员、Smarkets 的开发人员、Finex 的财务顾问、TMC 的技术人员以及瑞典 Centigo 的咨询顾问。这些企业都是由小型自治团队构建的网络。其中以海尔最具代表性，摆脱了缓慢的官僚主义，实现组织变革。

变"危机"为"催化剂"

张瑞敏的确让海尔实现了从无到有，再到非凡的转变，除此之外，我们在访问瑞典公司——瑞典商业银行（Svenska Handelsbanken）的时候也听到了类似的故事。20 世纪 70 年代，扬·维兰德（Jan Wallander）在一场危机中大放异彩。企业转型花了 5 年时间，其间几乎所有的一切都发生了翻天覆地的变化。也是从那时起，这家银行蓬勃发展，并拥有运转良好的团队网络，就像复杂的时钟一样运转、联系。即使是几十年后的今天，彻底的去中心化原则在瑞典商业银行仍然长盛不衰，根深蒂固。

我们很想与维兰德探讨更多细节，但是遗憾的是他于

2016 年去世了。尽管如此，我们还是选择前往阿姆斯特丹，会见了瑞典商业银行荷兰分区的首席执行官延斯·维克朗德（Jens Wiklund），从而很好地了解了其采用的独特方法。访问期间，维克朗德清晰地描绘了一个开启这种工作方式的先驱者。

瑞典商业银行提供全球性的银行服务，包括传统的企业交易、投资银行以及贸易。它还提供零售银行和人寿保险服务，是瑞典的主要银行之一，拥有约 460 家分行。自 20 世纪 90 年代中期以来，瑞典商业银行逐步扩张，版图延伸到整个斯堪的纳维亚半岛和北欧国家，也延伸到荷兰、英国、爱沙尼亚、拉脱维亚和立陶宛等国。从 2016 年开始实现了更多增长。在我们第一次访问该银行的荷兰总部时，维克朗德尽地主之谊接待了我们。他穿着剪裁完美的西装，戴着时尚的眼镜，相当潇洒。他是一个典型的银行家。当我们走过办公室时，瑞典商业银行看起来似乎是一个传统银行。表面看来，这个组织并没有给人留下什么深刻的印象，而我们来这正是为了一窥其真正的面目。维克朗德告诉我们，他已经在这里工作了 20 年，接着便开始讲述扬·维兰德所开启的长达几十年的转型之旅。

维克朗德说，"冒险始于 1970 年，当时维兰德任 CEO，瑞典商业银行正在经历一场危机，因此维兰德所面临的任务极重，他必须把公司从悬崖边拉回来，我们也渐渐明白了这一切的缘由。组织是集中化的，银行总部负责所有的决策，这些高层决定了公司的发展方向，留给底层员工的任务便是执行。有件事情我们从一开始便讲得非常清楚：传统的工作方式不会给员工带来太多的回报，也不会给他们带来太多的动力和渴望。人们过去普遍相信（有些人现在仍然如此），一个强大、集中的层级结构会保证组织良好的决策和平稳的运行。这一模式的前提假设是参与决策过程的人越多（主要是高层管理者），决策就越好。然而正如瑞典商业银行发现的那样，实际情况恰恰相反。"

银行高层管理者往往需要花两个月的时间来对诸如客户是否应该获得贷款等问题做出决策，这也是我们以前工作时的一个缩影，我们完全能够理解。维克朗德向我们讲述了豪华总部的故事，掌权者通过无数个集中化的职能部门对一切事务进行支配。组织中充满了行动迟缓的官僚主义和纷繁冗杂的行政步骤，一切大大小小的事务决策都通过总部安排：营销、人力资源、财务、法律、规划、战略、审计等，一百个小组和部门负责推进项目，员工们重点关注如何不断地输出工作的相关记录和笔记等。然而，这种政策由一个从未在任何一个部门工作过的"领导者"制定，不仅开销极大，而且几乎没有产生任何效果，却增加了更多的层级，所耗费的成本和金钱却是用业务人员与客户所做出的努力换取的。

"事实上，银行中心化的决策意味着尽管当地的分支机构了解他们的客户，但他们没有权力做出任何有意义的决策。"维克朗德说，"这种决策方式不仅使一线的业务人员感到沮丧，也让新上任的扬·维兰德惴惴不安。这就是为什么瑞典商业银行要寻找一个新的模式，一个对员工的素质和才能信任的模式。"

"于是，银行走上了一条新的道路，维兰德转型的宗旨在于实现权力下放。权力必须被迅速分散到直接产生效益的地方部门。"总部的集权文化被彻底瓦解。显然，转型受到了掌权者的极力劝阻及试图复杂化，因为他们不愿放开手中紧握的舵。"维克朗德说，"从维兰德上任的那一刻起，他就认识到自己必须树立一个好榜样。作为公司的 CEO，他必须证明自己不只是一个会说漂亮话的人，而是信守诺言的领导者。"

维兰德的确说到做到，在他宣布权力下放后，便拒绝单方面做出任何重大决策。当客户直接联系他时，他会直接转给当地的分支机构。他表示，"你可以来找我，但只有当地负责该业务的分支机构才能对此做出决策。我可以帮忙牵线搭桥，但这样或许会更浪费时间。"这位新任

CEO 限制自身权力，专注银行日常运作的小规模、个人化的改变。维兰德的谦虚姿态看起来似乎有些矛盾，但或许也是更大变革的开始。激进的系列措施是为了改变现状，决策得到当地分支机构的参与和同意。老态龙钟的企业巨人被划分为更小型、更敏捷的团队。地方分支机构诸多 10 名员工左右的小团队共同组建成一个大的团队网络。在撰写这章之时，瑞典商业银行已有 800 个办事处和 12 000 名员工，每个分支机构都有真正的自主权。

但权力下放是远远不够的，为了进一步强化维兰德的承诺，银行总部不能通过备忘录与地方的分支机构沟通。小组被解散，集中化的预算相关程序被取消，地方分支机构不再需要受制于其他部门的预算，分行的长期愿景、战略计划以及营销活动已经被划分为他们的权力管辖范围。一切冗杂不必要的程序和规则被剔除，无法接受变化的组织被解散。新的模式规定，只有分支机构有权决定向其客户提供何种产品，负责产品的展示、营销以及价格，员工的相关政策也由其自行承担。地方在雇用和解雇、工资水平和晋升方面拥有彻底的自主权，总部的角色逐渐由控制转为支持。

延斯·维克朗德也向我们讲述了他的个人经历，"为了确保当地银行最佳的运行状态，我们实行信息的公开透明化，这也添加了些许竞争因素。所有的分支机构会在各项指标方面进行比较，如成本收入比、交易量趋势、客户数量和审计评级等，以衡量地区业务的健康发展，实现更好的业绩表现的目标。"透明化的信息有助于分支机构间的良性竞争，每个员工都能获得相关的表现数据，而当地分行每月也会收到一份自身业绩表现的概述。结果证明，这对各个分支机构以及整个瑞典商业银行都大有裨益。

这是一种集体责任。我们在海尔的小微企业中看到了这一点，也在那些使用多个标准来衡量自主团队表现的公司里看到了这一点。衡量的指标必须是客观而平等的，如客户满意度、计费工时、交付时长、增长、收入以及利润等等，如此才能对表现进行一对一的衡量和比较。我们发现这样的团队通常拥有自己的成功秘诀，它们对公司的利润、收入和支出负责，正如目标、客户满意度及生产能力一样，这些都是明确的衡量指标。公司内部公布的榜单使表现出色的团队得到认可、感到自豪，而表现不佳的团队也会受到鼓舞。员工及团队成员学习在压力之下最好地提高自身表现。变革转型的确给瑞典商业银行带来了诸多益处，在斯堪的纳维亚市场数十年的成功使其具备了强劲的实力和弹性，成为荷兰和英国增长最快的银行之一。在最近一次拜访瑞典商业银行时，我们采访了 CEO 安德斯·鲍文（Anders Bouvin）。他与我们分享了激进权力下放的意义——"与许多银行不同，我们顺利地度过了 2008 年的金融危机。我们的投资回报率至少为 12%，年平均增长率为 15%，这是许多银行无法达到的。"

全球各地的开创性实践

我们在海尔和瑞典商业银行学到的经验，在后续拜访其他行业先驱的时候得到了进一步的印证与加强。这些行业先驱清楚地知道，员工只有在被赋予自主权和信任的时候才能表现得更加出色。通常，当一个组织的员工总数在 30~50 人，有时甚至更少，组织觉得有必要进行集中化管理时，便任命中层管理人员，创建各大职能部门，建立正式的规则和程序，计划每周的协调会议。为了实现"一切皆在掌控之中"，他们会不择手段。造成的后果便是员工开始抱怨日渐增多的官僚主义和控制机制。

改革者用不同的方式解决这个问题。在达到临界规模（10~15 名员工）时，他们会在同一网络中分裂为两个自主的团队。一旦其中任何一个团队到达临界点，它就会再次分裂。如此反复，实现有机增长。这个想法很简单，但实施起来并不容易。其秘密在于持续激励团队成员以保障一切正常运行，并确保团队网络的正常和健康运行。思考一下这本书中的其他 7 个趋势，先进组织旨在使团队如同一个整体，其中的每个人都发挥自己的作用。这也是团队成员重要的动力来源之一。团队往往是多职能的，以反映预期的任务，团队承担起小公司的职责，联系客户，确保所有问题都能够得到解决。这不仅对客户有益，还能提高员工的敬业度和积极性。尽管这一切听起来像是乌托邦，但它确实会带来压力。当问题出现时，团队必须自己解决问题。

有了这个错综复杂、不断发展的网络，问题也随之而来：如何有效地协调团队之间的工作，同时避免陷入无数次会议的困境？答案是确保尽可能多信息的透明化。这就需要一个成熟的 IT 系统，以实现有效的沟通。我们稍后会分享荷兰最大的医疗保健组织——博组客（Buurtzorg），它有一个特殊且极度活跃的内联网，组织中的所有团队都必须加入。它们在这里分享新闻，但也可能会向其他团队寻求帮助。博组客每年都会组织一次大会，让人们有机会参加研讨会。Spotify 有许多公会，不同团队的员工在这里分享自己的专业知识和兴趣爱好，他们定期会面。大多数公会讨论工作相关话题，而有些公会则专注于爱好和休闲活动。

有些人采取折中实践，而有些人追求激进与极致。接下来我们将与大家分享一些先进组织的组织结构。从简单的架构出发，努力寻找更激进的组织架构。

第一级"倒金字塔"结构

那些令人失望、不切实际的"命令控制式"领导方式正逐步退出历史舞台，改革者通过颠覆传统的金字塔结构，进而创造一种新型的组织结构。当改革者迈出这一步时，他们便相信一线员工才是价值的创造者。"倒金字塔"结构并非彻底改变员工的工作内容，而是实现组织由"控制"到"支持"角色的转变，中层管理者仍然是大部分决策的制定者，但他们是在为那些处于一线的员工，那些更接近客户、产品或服务的员工提供支持和保障。领导者和总部的存在是为了帮助员工。

第二级 金字塔中的"自治团队"

许多改革者认为"倒金字塔"结构不太灵活，会阻碍组织的发展。为了应对这一点，他们会在某些部门创建小型的自治团队。这种趋势可能始于 IT 部门的敏捷管理方式。在瑞典的 Spotify，IT 开发人员占据了将近三分之一，组成了根茎般规模小且相互交织的自治团队。这些员工对公司的最终表现负有相当大的责任，并自行决定自己的工作方式：一些员工选择自主管理，另一些则选择长久性的直系领导者，剩下的员工则遵循传统的层级结构，担任支持性的职能部门。

第三级 "自治团队" 组成的扁平化组织

下一步是将金字塔分割成许多个自治团队。但对许多组织而言，这样的转型变革的确有些过早。我们建议过渡期使管理层次越少越好，实现到扁平化组织的转变。例如，瑞典商业银行只有三级管理层次，最重要的一级是直面客户的分支机构，其次是各个区域的办事处，最后是斯德哥尔摩总部。自治团队决定自己的工作方式、工作地点以及工作伙伴。

第四级 团队网络

那些敢于摧毁金字塔的企业，将自己放置于一个由小而高效的 "总部" 服务的网络之中。博组客有超过 1 000 个自治团队，却只有 50 名领导者，管理层次只有两级。其他类似的企业如墨西哥的 IT 公司邻软（Nearsoft）；西班牙北部的一个生产公司集团，以及 Hollands Kroon 市政府。这种组织结构允许团队自行决定工作方式并承担全部责任。在大多数情况下，每个多功能团队员工人数为 10 ～ 15 名。

团队根据不同的地区、产品、服务（或客户）进行划分，高效的 IT 系统确保员工更好地合作，确保有一群可以随时寻求协助同时不具备相应的决策权的教练。你想具备更深刻的企业家精神吗？最好的方式是形成一种健康的良性竞争环境，让各个团队都能够参与其中。团队独自作为小公司运行，自行决定工作的地点、方式以及伙伴。

第五级 小微企业的"生态系统"

最后一级属于真正的组织变革者：除了通过下放部分所有权来创建小型组织的网络外，还创立一个在线平台，实现资源共享。这正是目前海尔所做的事情，70 000 名员工组成了 4 000 多个小微企业，自我组织，相互协作。小微企业受内部竞争以及外部利益相关者的压力驱动，比如，人力资源团队是否实现了预期，倘若没有，便会由平台内的外部小微企业介入协助，而这确保了那些只有为企业增加真正价值的团队才能留下来。高层管理人员的任务仍然是制定企业长期战略，但除此之外，他们主要集中投资自己看好的小微企业，为初创企业提供资金。

你的企业到底有多少级管理层，而其中又有多少冗余？"金字塔"是否能够被重塑成一个更高效的结构？需要做什么来推动组织的发展？怎样才能创造机会？好好审视一下你的组织，正如你所看到的，不是必须先成为 CEO 才能改变你的组织。

第三章
领导方式：
从"命令式领导"
到"支持型领导"

自 1982 年以来，一提到金爵曼事业社群（Zingerman Community of Businesses，ZCOB），许多人对其 CEO 阿里·维恩兹威格（Ari Weinzweig）并不陌生，而他多年树立起的名声和威望是难以忽视的。金爵曼由 9 家食品行业的公司组成，每一家专注不同的细分领域。保罗·塞吉诺（Paul Saginaw）和阿里·维恩兹威格在 1982 年开了一家三明治酒吧，这就是一切的开始。如今，ZCOB 由面包房、奶酪工厂、街边餐厅、糖果工厂、韩国餐厅、邮购公司、培训办公室及咖啡烘焙房组成，拥有700名员工，年收入达7 000万美元。

有传言说，维恩兹威格每天晚上都会在他的任意一家餐厅巡视，为客人端茶倒水。这种姿态听起来有些卑微，但的确令人印象深刻。可这是真的吗？如果是，它会带来任何实际价值吗？带着疑问，我们将金爵曼加入我们的"人生愿望清单"中。在一次穿越美国东北部的公路旅途中，我们会见了"黄金圈法则"的提出者西蒙·斯涅克（Simon Sinek）、门罗创新公司（Menlo Innovations）的CEO理查德·谢里丹（Richard Sheridan），以及罗斯商学院学者克里斯·怀特（Chris White）和埃丝特·凯特（Esther Kyte）后，打算测试下维恩兹威格的名声，确定他每晚是否会在餐厅给客人倒水。在约定会议的前一天晚上，我们悄声造访了餐厅。

黄昏时分，我们到达了金爵曼餐厅，准备吃饭并观察。店名用手写字体的霓虹灯字母显示，一个箭头指向字母下面的一行小字：非常地道的美国食物。有意思，我们有些饿了。餐厅入口两侧有两棵针叶树，几乎伸到屋顶。这是个平房，天花板很高，食客头顶上方一米左右的地方悬挂着圆形灯。我们非常享受这种轻松随意的气氛和舒适的环境，随后，我们被领到一张桌子前，坐下来观察。

没过多久我们就发现了维恩兹威格：他有一头深灰的鬈发，留了几天的胡碴，戴着银色耳环。他提着一壶水，来回穿梭。我们做了自我介绍，简短地聊了几句，但他是个有任务的人："朋友们，我得工作了，大家都渴了，明天见！"很快我们便坐上了回酒店的车。这顿饭确实非常好吃。

"堑 壕 战"

为什么我们迫切想要确认有效领导力可以是不同的？为什么我们要寻找敢于这样做的领导者？因为我们了解糟糕领导的后果：会议通常由管理者主导，他们常常表现得焦躁不安，认为自己必须有最后的发言权，而只有那些高薪人士的意见才会受到重视。正如堑壕里的士兵，经常被并不知情的军官否决。年度评估会议上，经理在评估你的表现时却根本不了解你的实际情况。或是管理层制定的目标脱离了公司状况。老板早已拥有豪华的汽车和宽敞办公室，相比之下，其他员工却因工作过劳而早早地失去自己的健康。这让我们十分抓狂，而我们并不是特例。研究表明，50% 的员工辞职是因为他们的老板。

在参观餐厅后的第二天，沐浴着清晨微弱的阳光，我们在金爵曼咖啡厅外面看到了维恩兹威格，和他一起喝了杯咖啡，他开始讲述这一切。金爵曼在很大程度上受到维恩兹威格对无政府主义兴趣的影响，维恩兹威格认为无政府主义与他对领导力的看法有许多相似之处。他说："无政府主义的思维方式吸引我的是自由的思想、自由的选择、主动权、合作、创造力和对整个团队的关怀。我坚信人人生而平等，每个人都理应被这样对待，每个人天生富有创造力与智慧，有能力做大事。我们必须采取支持而非命令式的领导方式。我并不是要抨击或击垮现在的领导者，而是我相信每个员工都能承担起合适的角色。只要这样做，每个人都能高效履行自己的职责。"

故事听起来很好，但我们想知道维恩兹威格是如何用行动实现这一点的。咖啡喝过后，我们跟随他到金爵曼餐馆。他与我们分享公司的月度入职培训，他努力参加每一次会议，而当遇到特殊情况无法参加时，同为创始人的塞吉诺（Saginaw）会代替出面。我们走进餐厅，看到6名新员工正围着一张桌子坐下来，我们也有幸被邀请参与会议。会议上有个人充满了激情，他解释了公司的历史、使命和核心价值。伴随着接连不断的笑声，我们收获了在这家专注食品、服务和财务的金爵曼工作与生活时发生的鼓舞人心的故事以及实用的建议。维恩兹威格随即撕开一个新鲜出炉的大面包，把它们分享给员工。他讲述了面包的起源、提供这种面包的原因和面包的制作方式。人们闭着眼睛感受，嗅闻、品尝它，就像上一堂入门课程。之后，维恩兹威格强调了金爵曼对食物的尊重。接着便是长达两小时的员工问答。

迎新会议结束之后，便轮到我们访谈了。维恩兹威格解释了他的动机，"员工入职培训是我们最重要的事情之一，不管公司如何扩张，只要有新人的加入，我们便倍感荣幸，热情而细致的欢迎是我们对他们最起码的尊重。"只有当领导者真正相信并实践时，行动才会奏效。维恩兹威格在该领域确是声名远扬。

"我们始终知道，保罗和我对员工的依赖远远超过员工对我们的需要。如果没有员工提供优质的服务，我们可能还是个小三明治店。过去的 30 年里发生了一些奇妙的事情，这一切都要归功于许多聪明且勤奋的人的加入，他们给了我们一同奋斗的机会。如果没有他们各自的努力，领导者和公司也不会具备真正的生产力。没有坚定追随者的领导者注定要失败。"

研究以及相关数据也证实了这一点，65% 的员工非常讨厌他们的老板，他们宁可换工作、换老板，也不愿在现有的基础上加薪。事实上，管理不善带来的成本（仅美国）

预计达到每年 3 100 亿美元。相反，金爵曼正是基于尊重员工、支持型领导的理念，因此，它无须经历一个转型阶段来摆脱传统模式。同时，在我们的旅行中，我们也看到了一些公司彻底改变了方向，实现了从命令式领导到支持型领导的转变。

伦敦的"茶与电视"

我们早对英国广播公司 UKTV（英国电视台）及其"叛逆"的 CEO 达伦·蔡尔兹（Darren Childs）有所耳闻。UKTV 成立于 1992 年，是英国广播公司（BBC）和探索频道的合作伙伴，是英国最大的广播公司之一，约有 300 名员工。UKTV 在最初的 20 年里一直在重播 BBC 的节目，但到现在也已制作了许多自己的节目。蔡尔兹于 2010 年从 BBC 离开，开始领导 UKTV，让 UKTV 实现了彻底的转型。我们的好奇心由此被唤醒，拜访蔡尔兹被提上日程。清晨的英国灰蒙蒙的，乌云和雨水早已司空见惯，我们步行横穿伦敦，最终到达了市中心一座令人印象深刻的建筑。

精美华丽的大理石铺成的接待区，高高的天花板，这似乎是我们参观过的最有企业特色的地方。带着对幕后故事的好奇与疑问，我们走到柜台前。不久后，一位员工出来迎接我们，把我们领到了楼上。当我们进入办公室时，我们有些惊奇，传统老派的企业氛围已经消失殆尽，我们似乎误入了一个平行宇宙。这里的设计非常有趣，有非正式的工作场所、圆形沙发，开放厨房里不难看到员工准备早餐的身影，天花板上的横梁和管道裸露在外，员工坐在舒适的蛋形椅子上工作，营造出一种轻松愉悦的工作氛围。墙上装饰着"创造、学习、影响、挑战和协作"的字样，这正是公司的核心价值观。这儿有一个大型的中央楼梯，在楼层之间创造出一个开放的空间。工作室也位于这栋楼里，拉近了节目的管理者和制作人的距离。这源于UKTV的一个口号：用设计拆除等级制度。UKTV的确做到了。

参观结束后，我们见到了身着西装的蔡尔兹。入乡随俗，我们也喝了杯英国红茶，开始询问他如何以如此积极的方式规划UKTV的转型。自从他接任以来，UKTV发生了许多改变。"从一开始，我就注意到这个组织已经落后得令人绝望。我知道，如果我们继续坚持传统的方式，那就注定要失败。"于是，一经任命，他便全盘接手，鼓励员工释放他们的创造力，迅速使陈旧僵化的层级制度焕发新的生机。变革的一个非常重要的部分是营造一种支持型的企业文化，消除指令性和集权的领导方式，如此，团队的领导者才能为员工服务。

变革的第一步具有极大的象征意义。他说："UKTV 办公室里的一切都是为了摆脱指挥和控制的层级结构，我们想通过设计（一部分是重新装饰办公室）达到消除等级制度的目的，我们把管理层'赶'出了私人办公室，其背后的想法不难理解，但这与仍坚持'私人办公室激励'的传统管理者形成了鲜明对比。"那些顶层的董事办公室似乎与常识和观察力相冲突。为什么资历越深反而要把自己关在办公室里？与团队成员待在一起，及时了解发生的事情，并更好地帮助他们，不是更说得通吗？"是的！"哈佛大学教授弗朗西斯卡·吉诺（Francesca Gino）的一项研究证实了这一点。

吉诺表明，"孤立"自己的管理者会获得较少的尊重。正是这一逻辑深深启发了 UKTV。蔡尔兹说："私人办公室把员工阻隔在外，这正是我们想要避免的事情。相反，我们应有开放的工作场所，并将其中一些空间用于安静的会议。"

从我们访问期间遇到的员工来看，结果是显而易见的。其中一位员工说："领导者拉近了与员工的关系，同事之间有更多更好的沟通，都有利于营造更开放的工作氛围。"但是，仅仅改造办公室是远远不够的。UKTV 也深知这一点，并没有就此停止脚步。万事开头难，办公室只是一个开始。

　　蔡尔兹与我们分享了公司引入的每周"员工大会"。"员工大会"是一种公认的知识和信息分享的方式。当我们前往加州的硅谷时，我们了解到 Google 总部 Googleplex 的"谢天谢地，今天是星期五（Thank God It's Friday）"的会议，90 000 名员工以电话或现场的方式加入。在斯德哥尔摩的 Spotify，我们也观察到类似的方式，创始人兼 CEO 丹尼尔·艾克（Daniel Ek）和同事们上台分享公司的发展情况。"员工大会"听起来甚好，但领导者最容易犯的错误是将其变成强制参与的任务，这也就意味着领导者很难意识到员工"用脚投票"来展示他们对大会的看法。大会的开设并不是简单实现标准化的管理。在 UKTV，这个环节很重要的一部分是分享逆境和错误，通过这种方式，每个人都能够学习到新的东西。蔡尔兹解释道："我们希望让员工有机会获取所有相关信息，员工可以随时提出问题，没有什么是不可说的。"但蔡尔兹也注意到，目前并没有遇到太多棘手的问题，大多数员工都不愿意提出比较敏感的话题。

　　"最困难的事情，便是让员工相信，我们想要营造透明的工作场所，他们真的可以问任何问题。"蔡尔兹想出了一个简单而有效的解决方案：一个带有醒目白色问号的信箱。

　　员工有任何的问题，或是想要分享敏感话题，都可以匿名写下来放入信箱。只有在大会期间，信箱才会被打开，所有的问题才能够得到相应的回答，没有提前准备的正确的答案或是企业宣传内容，因此这便成为一个强有力的工具。"我打开信箱，大声读出纸条上的内容。管理层与我竭尽全力诚实地回答。"这是创建"支持型领导"企业文化的最重要步骤之一，它向员工发出了一个明确的信号：我们希望营造透明的氛围，了解到员工最真实的关切，让员工知道我们是在为他们服务。

在转型的过程中，UKTV 又做出了一个激进的举措。这一次，它解决了"评估与反馈"环节的难题。比如：您如何鼓励管理者全力支持他们的团队？我们如何识别、认可和奖励适当的行为？"谁能够评估管理层的绩效？"蔡尔兹提出了他的问题。"是的，是你的团队。"传统的自上而下的管理模式被推翻，使这个想法成为可能。这并不是故意让老板尴尬的一次会议，而是被管理的员工诚实反馈的来源，团队中的每个成员都会为管理者所完成的任务或行为打分。不仅如此，UKTV 将评估的结果与每位员工共享。这听起来很棒，但它行得通吗？ 蔡尔兹非常理解我们的不确定性。他承认，"对于那些表现不佳的管理者来说，这并不容易。但他们也因此获得了提升的必要动力。"

"没有人想成为最后一名，尽管这过程可能会很痛苦。

否则，团队必须要应对糟糕的领导及其带来的后果。"鉴于 UKTV 最近的表现，这种变革显然已经奏效。定期的反馈显示，员工变得更快乐、更投入、更具创造力。公司也获得了相应的回报：病假大幅减少，在不到 5 年的时间里，公司的市值翻了一番。

全球各地的开创性实践

维恩兹威格和蔡尔兹都是先进的领导者，以真实的方式经营企业。他们有许多共同的价值观。每个人都是独一无二的，因此支持型领导可以通过许多方式发挥作用。

那么我们如何成功营造这样的环境？有哪些需要注意的地方？如何调整团队内部的工作方式？对其他人的访问可以为此提供什么见解？接下来我们将与大家分享一些改革者与众不同的"叛逆"方法。从简单的策略出发，努力寻找更先进的解决方案。

第一级 别听高薪者的话

这类陈旧的领导风格不仅耗费了大量的资金，还导致了不切实际的工作实践及严重的后果。我们经常经历 HiPPO（Highest Paid Person's Opinion，最高薪者意见）效应，即听从薪酬最高者的意见，一般来讲，是指倾向于支持级别最高的人（因此往往是拿最高工资的人），却不认可和采纳最专业、最富有经验或最具聪明头脑的人的意见。传统的工作场所常常忽略问题的内容本身，只是为了取悦最高级别的人，科学研究早已证明了这种做法的低效性。

鹿特丹管理学院的一项研究发现，由初级管理层监督的项目成功率很高，下级员工不畏惧领导，反而更容易地表达自己。相比之下，高级管理层和正常人一样容易犯错，发言权越多越可能会适得其反。

改革者会以直接和轻松的方式尽力避免这种情况，例如在墙上放置"小心高薪者"的标志。英国国家医疗服务体系（NHS）的一名工作人员，受到我们"愿望清单"的启发，警告参加会议的人："把你的等级制度搁在门口。"短短几天内他们就看到了进展。员工更有信心提出建议，勇于与高级管理层进行讨论。这个故事的寓意是什么？基于具体的内容决策，而不是内容背后的提供者。

第二级 摧毁金字塔

相当多的传统组织会赋予高层管理者相应的特权和地位象征：预留停车位、私人办公室。这些都是工业革命留下的"糟粕"。希望几年后当我们回顾这一画面时，会想知道我们为什么要这么做。

对金字塔的维护不仅早已过时，而且对企业十分不利。年度报告中自豪地宣称"员工是企业的支柱"，这个美好的宗旨也被这座金字塔搞得面目全非，虚伪而空洞。摆脱"假大空"，创造一个更平等、更包容的环境。正是我们所拜访的这些先驱领导者，推动了"摧毁金字塔"这一伟大事业的进程。其中，我们在西班牙毕尔巴鄂考察的诸多企业就是一个很好的例证。我们将在第六章中看到，在转型的第一天，集团就放弃了一切特权。

第三级 评估你的上司

企业怀有转变"支持型领导"的远景，但往往很少实现。如果我们工作的判断方式以及奖赏方式没有改变的话，失败也就不足为奇了。改革者将自上而下的管理模式倒置，实现自下而上的管理。

老板如何判断一个管理者的领导能力？设立一个适当的反馈系统，听取团队成员的意见。"叛逆组织"敢于这样做，敢于召开开放的员工大会。

第四级 拆分管理层

等级制度本身不是问题，人为的等级才是。当权威不再是基于个人能力或领导力时，会导致可怕的"彼得原理"，这一概念已持续数十年，但这种情况仍然存在。劳伦斯·J.彼得（Laurence J. Peter）在 1969 年出版的书很好地阐述了这一概念："在一个等级制度中，每个职工趋向于上升到他所不能胜任的地位。"

假设你是一名出奇优秀的销售代表，老板和同事都非常佩服你，称你为真正的人才，而人才值得晋升：从现在开始，你就是一名销售经理！自然而然，你对此十分满意，你或许会得到可观的加薪，换更豪华的车。你有了新的职责，虽然更忙碌，但你乐在其中，享受自己更重要的价值。你迫不及待地想在你的职场社交平台上分享这个消息。

然而，这种晋升毫无道理可言。为什么要找一个擅长销售的人来担任管理层的角色？管理需要不同的技能，擅长一件事并不一定意味着你会擅长另一件事，《哈佛商业评论》上的一项研究也得出了同样的结论。我们拜访过的许多组织通过创建多个晋升路径来尽力降低"彼得原理"的影响。如果你是一名出色的 IT 程序员，你不一定需要管理职位来认可你的工作，你可以成为所在领域的专家和导师。因此，奖励结构必须有意义。

这方面的佼佼者是位于波兰克拉科夫的一家 IT 公司 U2i。当我们参观 U2i 的办公室时，我们了解到了 U2i 不同寻常的做法。正如员工帕维·科兹洛夫斯基（Pawel Kozlowski）所说："向上爬的唯一方法是把'人为的管理层'推下梯子。"病态的层级体系已经被摒弃，新型的晋升方式才能够让员工在自己的专业领域不断成长。

第五级 选择你的领导

为什么鼓舞人心的领导者如此稀少？或许我们传统组织的领导方式出了问题。试想一下，在一个企业中，员工因为其树立了好的榜样而成为领导者，抑或是员工可以各抒己见而不必担心言论的后果，评判标准完全是基于内容。这些都可以帮助改善整个商业环境，也可以提高员工积极性和生产力。显然，传统的管理和领导方式阻碍了企业成功的道路。在我们的旅程中，我们与许多人进行了深度交流，如汤姆·彼得斯、弗雷德里克·莱卢、艾萨克·盖茨等管理大师，以及一些激进的领导者，像荷兰饼干厂 Veldt 的 CEO 凯斯·佩特（Kees Pater）、法国制造企业 FAVI 的前 CEO 让 - 弗朗索瓦·佐布里斯特（Jean-François Zobrist）、巴西 Vagas.com 的创始人马里奥·卡普汗（Mario Kaphan），以及荷兰餐饮公司 Hutten 的 CEO 鲍勃·胡滕（Bob Hutten）等。

在我们拜访的100多个"人生愿望清单"里的组织中，大多数有一个共同点：命令式领导较少。相反，我们发现许多高级管理层以身作则，与员工近距离交流，用最好的方式来提供帮助和支持。他们表现出令人钦佩的品质：真实、谦逊、叛逆和执着。他们有一个清晰的愿景，并激励他们的员工采取行动。同时，他们也接受反馈和批评，倾听一线员工的想法。这就是支持型领导。

"如果你想成为一个领导者，你最好找到一些追随者。"这句格言听起来或许有些戏谑，但这是一个绝妙的建议。让员工选择自己的领导者是最叛逆的解决方案之一，而有实力这样做的领导者都将得到不一般的回馈。设立选择和投票机制，让员工选择自己的导师，或者去不断改变领导层。方式并不重要，差的只是行动！

瑞士人力资源公司豪夫·乌曼蒂斯（Haufe Umantis）在这方面当属是最激进的。所有拥有权力的职位，甚至是CEO，都是民主选择的。对于商业世界而言，这不像是近期可能发生的事情，但这正是激进变革的强有力例证。选择领导者的好处是，被选中的人可以真正地领导，如果行不通，团队总是可以找到替代者。

第四章
运营方式：
从"计划和预测"到
"试验和改进"

我叫巴勃罗·艾瑞特萨博拉（Pablo Aretxabala），我是 K2K Emocionando[①] 的一员。K2K Emocionando 是一个由 7 个人组成的团队，10 多年来一直致力于新式关系（在西班牙语中为 Nuevo Estilo de Relaciones，即 NER）的企业转型。NER 起源于 1991 年，当时科尔多·萨拉查加

---

① 译者注：Emocionando 中文表示"兴奋、喜悦"之意。

（Koldo Saratxaga）被任命为西班牙伊利萨尔客车集团（Irizar Co-operative）的总协调人。伊利萨尔客车集团是一家高端客车公司，成立于1889年，位于巴斯克地区的一个小镇Ormaiztegi，当时主要生产驿站马车。

1991年，伊利萨尔严格来讲已经破产，内部冲突也十分严重。但是，短短几年之后，公司却发生了翻天覆地的变化。由于其创新的管理方式，公司取得了惊人的成功。2006年，科尔多创建了K2K Emocionando团队，为所有组织开发和实施NER企业转型。从那时起，我们领导了几十场意义深远的企业变革。其中最著名的是现在组成NER Group的26家公司，员工多达2 000人。

NER旨在让员工更高效，并使其成为组织的真正中心，工作彻底透明，具有信任、自由和责任。实施了NER变革的公司消除了层级制度，没有任何控制，没有权力斗争，没有黑暗地带。相反，我们拥有自我管理的团队、责任、承诺、主动性和决策权。

我们提倡团队选择自己的领导者，消除现有的控制。建议将业绩表现公开给组织的所有人，消除工资不平等，组织共同进行决策，由同事招聘和评估新员工，禁止组织因经济原因解雇员工，并使每个人了解公司相关的财务情况。

　　NER 组织具备很强的社会责任感，将 2.5% 的利润和 2% 的员工工作时间投入到社区项目中。在发起的 150 项计划中，我们尤其引以为豪的是 Lur Denok[①] 和 Hurbilekojalea Dendak[②]，这是两个有机食品生产、分销和商业化的项目，近 300 个合作伙伴参与其中。

　　我不想让你们感到不知所措，但希望这封邮件能激起你们的好奇心。希望可以与你们建立联系。谨代表 K2K 团队致以亲切的问候。

　　我们的探索之旅已经进行了大约 18 个月。在一个普通的周一早上，我们一如既往地查看邮箱，发现一封来自巴勃罗（Pablo，难以发音）的邮件，我们立刻被吸引住了。

　　信中巴勃罗所讲述的故事以及提出的问题，搅动了我们的小宇宙。数十家传统公司转型为先进组织？它们是否都没有人为的层级结构，团队是否可以选择自己的领导者，决策过程是否共享？它们全都在西班牙北部相对紧凑的毕尔巴鄂地区？

　　在探索先进组织的漫长过程中，我们怎么可能没有发现它们呢？为什么我们以前没有听说过这个故事呢？这个有着神秘名字的科尔多·萨拉查加（Koldo Saratxaga，同

---

① 译者注：Lur Denok 在巴斯克语中意思是"所有人的土地"。
② 译者注：Hurbilekojalea Dendak 表示"当地人的有机商店"。

样难以发音）到底是谁呢？我们有些惭愧，因为我们既不熟悉这位行业先驱，也不熟悉 NER。问题、问题、更多的问题涌现出来。一个月后，我们登上了飞往毕尔巴鄂的飞机。

计划按部就班地进行，我们先花一些时间与 K2K 团队相处，聆听巴勃罗的故事，并拜访这些激进的组织。

巴斯克地区

我们抵达毕尔巴鄂机场，发现巴勃罗正在等我们。他年近 50 岁，看起来十分友好，经过简短的介绍，我们来到了毕尔巴鄂之行的第一个目的地——一家金属加工公司。在它的办公室——几年前经 K2K Emocionando 改造，我们见到了科尔多·萨拉查加。科尔多是 K2K 的创始人，该组织已将 70 多个功能失调的组织转变为先进和充满活力的工作场所。K2K 的成员来自工程、制造、法律、网络安全和教育等不同的行业背景，其业务遍及 60 个国家，年总收入超过 4 亿欧元。

科尔多是一个令人印象深刻的人物，睿智而不失和蔼。他年近 70 岁，留着长长的白发。他的声音洪亮而舒缓。但他不会说英语，好在有巴勃罗在旁翻译。科尔多立即按下了"倒带按钮"，将我们带回到 20 世纪 90 年代初。当时他刚加入伊利萨尔客车集团，旗下拥有 3 000 多名员工，是西班牙领先的客车制造商，市场份额超过 40%，年营业额超过 5.5 亿欧元。其产品分布在世界各地，在西班牙、摩洛哥、巴西、墨西哥和南非设有 5 家生产工厂。"然而，伊利萨尔陷入了深深的危机，领导层一年更换了两次，员工士气也跌到了谷底。公司生存危在旦夕，销售额微乎其微、损失惨重，公司形象一落千丈。"科尔多知道是时候进行彻底的变革了。

最重要的是要让员工自己重建伊利萨尔，科尔多并不打算发布指令或指示任何人去追逐目标。"我放弃了许多幼稚的想法，比如商业世界是可预测的、每一个细节都是可以计划的。相反，选择去创造一个适应性强、极具弹性和反应灵敏的工作场所。在高度不确定的环境中，我摒弃了制订详细计划以及控制可能带来的虚假安慰。这在一百年前可能是标准做法，但在现代世界中，早已远非理想的做法。"我们不再生活在每天生产一模一样的亨利·福特 T 型车的时代，我们再也不能准确地预测下一年会流行什么。正如我们常说的，唯一不变的是变化本身。今天的世界与几十年前的世界已经是大相径庭了。

结果是，组织变得更加复杂。我们非但没有解决复杂问题，反而让官僚主义导致更严重的后果。当然，这并不是故事的全部。很多公司都掉进了科尔多巧妙避开的陷阱，它们试图预测未来，试图从混乱中夺取控制权。这种愚蠢的行为导致的最令人痛苦和沮丧的一面通常出现在年度预算阶段，任何在中大型公司工作过的人都会有所了解。会议的痛苦在于制定预算，并决定采取何种能够产出最优结果的行动（理论上）。

这种官僚作风早已成为许多公司的惯例，管理者们蜷缩在放满 Excel 文件的笔记本电脑后面，试图预测来年会发生什么。管理层"闭门造车"，导致了乌烟瘴气的办公室政治、钩心斗角和任性谈判。预测结束之后，接下来公司的业务发展被牵着鼻子走，严格按照制定的预算数字前进。这种"数字管理"的做法几乎不会带来什么好处，只会使员工抛弃常识，进而做出不理智的决定。我们在以前公司的跑步机上发现了这方面的证据。这种系统最突出的缺陷是什么？到财政年度即将结束时，员工会开始订购各种不必要的物品，以用完指定的预算——担心如果不这样做，明年的预算就会减少。

对大部分组织而言，这种冲动和焦虑根深蒂固，似乎已经很正常了。制定预算和计划会耗费大量的时间、精力与金钱。福特汽车公司曾经估计，计划和预算过程每年会花费大约 12 亿美元。这是极大的浪费，而这种痛苦基于一种奇怪的认知，即预测未来是可能的。而事实并非如此。组织是时候接受并拥抱变化了，无法预测的、令人惊讶的、随机的变化。我们认为，"我们历来是如此，计划和预算的步骤不可缺少"这样的逻辑说辞早就行不通了。在几年的探索过程中，我们惊奇地发现有相当多的企业对我们的这一观点表示赞同。

需要明确的是，我们并不是在谈论公司目前所追求的或声称作为目标的趋势"敏捷方法论"。虽然"敏捷"运动具有强大的根基且十分有价值，但许多组织的实践方式是完全错误的。许多员工的印象是：如果你每天贴一大堆便利贴，任命一名敏捷专家，你就创造了一种全新的工作方法。不幸的是，事实并非如此。我们访问过的先驱者已超越这些流行词和炒作，他们进行健康的试验：新产品、更新的服务以及工作的新型替代方式。即使是在高度监管的行业，他们也能够灵活应对不断变化的环境。

科尔多向我们分享了与传统智慧形成鲜明对比的方式方法——"我专注于创造一个灵活、适应性强且极具吸引力的工作场所，同时它能够接受试验并在需要时迅速适应。"

"首先，我们消除了金字塔式的层级制度及其所有的预测、命令与控制机制，创建了一个几乎扁平化，由多专业、自我管理的团队组成的组织。组织中有120多个这样的团队，大多由四五个成员和一个队长组成，它们就如同大公司中存在的小公司。团队成员被分配到不同的项目中，能够自行选择领导。团队在一定的时间范围内执行特定的任务，并被鼓励以开放的心态开始每个项目。大多数的项目成员来自不同的团队，这给他们带来了新的挑战和不同的目标。"科尔多并没有止步于此，随后他便改变了工作场所的布局。"我们把生产制造部和服务设施部搬到了一层，便于各部门之间相互了解。我们取消了私人办公室，创建了共享办公空间。"

为了确保"试验"这一文化深入扎根组织，科尔多推行员工的高度自治。"例如，团队可以设定自己的目标和时间表。我们删除了大部分传统的控制机制，比如控制人们进出工厂的时间。我们相信每个人都能完成每天 8 小时的工作，但你的实际出勤情况只有你最亲密的同事才了解。伊利萨尔的运作模式是极其混乱的，但它通过'自组织'产生了秩序。每个人都有很高的自由度，也有相应的责任，他们都是自己关系和决策的主人。"评估基于团队的表现，而不再是个人。团队通过向组织公开自己的目标和结果，成功践行了"彻底透明"的力量。

科尔多的方法取得了惊人的成功。通过实施专注试验、强适应和自由的系统，他创建了一支强大的员工团队。新的模式为伊利萨尔集团创造了连续 14 年约 24% 的年增长率。在科尔多任职期间，集团收入从 2 400 万欧元增长到 3.1 亿欧元；日益强劲的增长使伊利萨尔能够在其他国家开设工厂，年产量也从每年 226 辆增加到 1 600 辆；不仅产能增加了，平均生产时间也从 38 天降到了 14 天。

然而，对于科尔多来说，伊利萨尔的成功还远远不够。"这个故事激励了世界各地的人，许多人想参观我们的工厂，每年有超过 4 000 人前来拜访。"但这些访问并没有产生预期的"病毒传播效果"。"许多人认为我们的方法不适用于他们的具体情况，他们一长串没完没了的借口让我非常沮丧。我想要证明他们是错的，于是我创办了 K2K Emocionando 来鼓励其他人。对此，我有充分的理由。"

科尔多决定，K2K Emocionando 旨在帮助传统组织转变为先进组织。"领导者应该创造一个员工能够发挥自己所长的工作环境，激发试验性和创业性的氛围。我们的方法是激进的，并遵循一系列逻辑准则。首先，我们必须摆脱旧式的命令和控制的思维模式，其中最重要的原则之一是人人平等，不管是扫地阿姨还是顶头上司。因此，从第一天起，所有的特权统统被取消——正如你在这家金属加工公司看到的那样。"

科尔多指了指周围，补充道："看看这个地方，没有私人办公室，没有行政餐厅，没有预留停车位，没有针对个人表现的奖金或奖励，也没有获取信息的特殊渠道。"

在取消特权后，咨询顾问们将每个组织重新设计成一个"团队网络"。科尔多说："我们开始根据产品、服务、地区、客户和流程进行重组，团队网络一经形成，每个团队就会选出自己的领导者作为队长，队长没有特殊的权力，也没有额外的工资。"

"团队可以选择将这个角色分散至两个人或更多的成员身上，并可以随时进行更换。领导者只是与其他团队进行协调和沟通。在 K2K，不仅每个人都是平等的，而且每个人都承担相同的责任。我们停止了自上而下的决策，并确保决策过程是建立在共同责任的基础上，每一个决策都涉及它所影响的人。"科尔多相信，在真正的试验和创业氛围中，决策必须共同完成。"因此，组织的一切信息，包括财务信息、薪资水平以及团队的承诺、目标和结果都是彻底透明的。"

他们为什么要这样做？为的是让员工能够持续参与公司的运营，并确保一切公平。"正如你所看到的，这有助于保持目标一致。"这些目标不是自上而下的命令和控制的指令，都是由成员自主设置的，以确保团队合作。每两到三周举行一次团队会议，评审结果，并设置衡量和追踪机制，目的是让团队能够访问业绩表现的实时信息。K2K 还建议公司召开月度和季度会议，以更广泛地了解财务细节和企业运作状况。

巴勃罗解释说，"尽管世界上大部分地方都与财务相关，但真正了解它的人并不多。即使在商界，大多数人也不能正确阅读资产负债表或损益表。如果他们不了解经营公司的基本原理，又怎么能设定目标呢？这就是为什么我们给每个员工培训财务的基础知识。"所有的控制统统消失了。"我们的行动是基于目标和承诺，而不是时间。犯错误也是很正常的，即使它在早期会带来一些混乱和挫折。但谁在开始的时候没有犯过错呢？试错是学习过程的一部分，而不应该受到任何惩罚或劝阻。"

当天晚些时候，我们在办公室四处走动时，一些员工与我们分享这些变化对他们产生的影响。莱尔·维罗利亚·迪茨（Leire Villoria Diez）说："刚开始的时候，感觉有点像第一次离开父母的房子独自开始生活。当你发现冰箱空了的时候，就由你自己来塞满它，没有人告诉你该做什么或控制你的行为。你必须开始试验，并与你的团队一起找出实现目标的最佳方法。最后，你总能做到。"

莱尔的同事艾特·散兹（Aitor Sanz）补充道："我不会再回到过去，但你必须知道这一变革过程并不容易。有一个命令控制你该做什么的老板是有其好的一面，但有时候你接收到的指令越多，事情可能会越艰难。相比之下，无知可能也是一种幸福。"向更先进的工作方式迈出第一步是十分困难的，但多年来，K2K已经证明，只要有正确的心态和投入，变革总是可能的。巴勃罗也向我们分享了一些成果。

"在过去的12年里，我们支持转型了70多家组织。巴斯克大学的研究人员发现，在每个案例中，财务状况在头两年都有所改善。最终结果虽说取决于组织的特点和风格，但整体生产率都有所提高，平均提高40%。除此之外，这些组织的工资比巴斯克地区的平均水平高出30%，比西班牙全国平均水平高出40%，缺勤率和事故率要低得多。"

犯错的艺术

当然，这种试验的激励并非巴斯克地区公司所独有，在我们访问瑞典音乐流媒体公司Spotify时也有幸一瞥其风采。Spotify由前黑客丹尼尔·艾克（Daniel Ek）及其好友一同创建，近年来Spotify成功颠覆了音乐行业，并实现逐年稳步增长。我们访问Spotify瑞典斯德哥尔摩总部时，该公司已拥有3 000名员工。在Spotify，没有什么能够停滞不前，每个月都有 100 名新员工加入。尽管如此，Spotify 仍在不断尝试，并始终在竞争中保持领先地位。丹尼尔半开玩笑的座右铭非常形象地诠释了 Spotify 包容失败的企业环境和氛围：我们的目标是比任何人都更快地犯错。

犯错是很正常的，但要从中吸取教训并保持 Spotify 早期指数式增长期的独特企业文化，是一个巨大的挑战。所有的成功初创公司都必须解决这个问题，但并不是所有公司都能取得成功。增长往往伴随着混乱，一些管理者试图通过加强控制和官僚主义来解决这一问题。这是一种耻辱，因为带来成功的突破开始动摇。以往的经历和先例向我们证明，我们可以采取不同的方式来应对挑战。Spotify 符合现代初创企业的所有条件，每个办公室响起的音乐，墙上的涂鸦，舒适的沙发和彩虹色的靠垫，还有一堆杂乱的艺术品。这些倒都是次要的，我们来这里是为了更好地了解 Spotify 的工作方式。工程师们组成了自治小队（Squads）、部落（Tribes）和协会（Guilds），这听起来要比实际情况复杂得多。或许没有人会为它与"团队网络"模式有异曲同工之妙感到惊讶。

Spotify 的人力资源总监卡塔琳娜·贝格（Katarina Berg）身着鲜艳的红色西装外套，笑容十分灿烂。"我们设置了由 6～12 名开发者组成的自主团队作为最小的开发单位，它们被称为'小队（Squads）'。"类似于小微企业，每个小队都有自己的工作空间和"黑客日计划"。"我们不会告诉员工如何开展自己的工作。多个工作在相关领域的小队集合形成了我们所说的一个'部落（Tribes）'，例如音乐播放器、后台基础架构等，你可以把这些部落想象成迷你型创业分队的'孵化器'。理想情况下，他们由 40 名开发人员组成，通常不会超过 150 名员工。"

"为了刺激团队之间的联系，我们引入了'分会（Chapter）'和'协会（Guild）'。分会由同一个部落、相同能力领域内拥有相似技能的一些人组成，他们形成紧密的社区，定期聚在一起讨论工作相关的问题和专业领域的知识；协会则是一个具有更广泛影响的'兴趣社区'，它包含这样一群人，他们想要分享知识、工具、代码和实践，当然也有爱好，从徒步旅行到啤酒酿造和摄影等。分会是在部落内的，而协会通常跨越整个组织。"

"还有一个重要的群体：教练（Coach）。每个小队都有一位敏捷教练，帮助团队发展和改进工作方法。当然，这些描述只是一个缩影。我们工作方式是独特的，但绝非完美。我们知道自己没有所有问题的答案，在如此快速的增长之下，我们每天都面临新的挑战。这是一个不断发现的过程。"

　　我们很快便意识到试验对 Spotify 文化的重要性。墙上贴满了五颜六色的便利贴，白板实时同步项目的进展。卡塔琳娜说道，这也是为了刺激试验。"相比于可预测性，我们更重视创新，而预测永远不可能成就创新。我们致力于创造价值，而不是执行预设的计划。我们将所有的试验结果记在白板上，小队们定期聚集以评估进展。进行了哪些试验？我们从他们身上学到了什么？下一步是什么？小队可以反思哪些措施行之有效，哪些举措没有达到预期的结果。"

　　这激励着小队不断尝试、不断试错，贯彻一种基于常识和评估的哲学。贝格说，"这并不复杂，我们试图衡量试验可以为我们提供些什么，验证它是否有效、是否创造了价值。如果答案是肯定的，我们便保留并继续，反之则放弃。这确保了团队的重要决策是基于实际数据，而不是主观的意见或自我。Spotify 的开发人员之间具有信任和责任感，只要你在过程中学会了一些东西，犯错是再正常不过的事情。一些小队设置了特殊的'失败墙'，鼓励团队成员从错误中学习。除此之外，公司内部的博客分享员工成功与失败的经验，创造出由员工所推动的进步的组织文化。我们宁愿把时间和精力花在调整和快速恢复上，也不愿花在预测未来的徒劳尝试上。"

全球各地的开创性实践

美国学者李昂·梅金森（Leon Megginson）在 1963 年对达尔文进化论的解读中指出，存活下来的并不是最聪明的物种，也不是最强大的物种，而是身处多变环境中最能应变与适应的物种。对于正在努力应对前所未有挑战的组织来说，这是一个重要的认识。竞争在变化，客户群体在变化，技术在变化，市场也在变化。现有的体系不再是一劳永逸的，它也许只能持续几年，甚至几个月。过于安于现状的组织往往是一成不变、一劳永逸的体系最坚定的捍卫者。然而，它们也应该意识到，如此下去它们终将失败，只有不断试验的组织才是最后的赢家。

改革者认为，这一全新的现实并不是问题，而是令人兴奋的挑战，他们知道自己永远不会"到达彼岸"。在这个试验过程中，速度显得尤为重要，快速的变化需要快速的反应。"改革者知道，成功是属于快速学习者的。Spotify 很快便接受了这一理念。"虽然乍一看，毕尔巴鄂地区的公司和 Spotify 似乎没有太多共同点，但你可能会惊讶于二者对快速变化的新现实的强大适应能力，这也正是先进组织废除旧式的预测、命令与控制机制的原因。先进组织告别了僵化的预算编制周期、沉闷的协调会议和令人质疑的决策思维。它们深知适应性是必不可少的，并专注创造良好的组织文化。成功的关键在于频繁试验、迅速失败并不断改进。值得注意的是，这些先驱知道最有价值的试验是员工、客户和其他利益相关者之间密切互动的结果，而不是一群高薪咨询顾问或占星家对未来的预测结果。

改革者开创了传统工作方式的替代方法，这也是不断试验和改进的重要灵感来源。他们指明了前进的道路，这是一个新的起点。

第一级 无情持续试验

说到试验，耐克的确给出了最好的建议是：只管去做（Just do it）。行动是治愈公司"分析瘫痪症"最有效的解药。若想取得突破，就必须采取行动，从毕尔巴鄂的工厂员工和 Spotify 的开发人员身上汲取些灵感吧。跟随他们的步伐，开始你的试验。你要意识到改变不再是一年一次的事件，而是日常工作的一部分，尝试和失败总比故步自封要好。有了新产品或服务的想法？试验！改善你的工作方式？试验！跳过那些无用的协调会议？试验！尝试新的想法，并基于现实的依据，做出更好前进的决策。

不要放弃得太快。墨西哥 IT 公司邻软创始人马特·佩雷兹启发了我们，"我们希望创造一种试验文化，所以当一个人或一个团队想要尝试新事物并获得足够的内部支持时，他们可以自由尝试。如果我们决定开展试验，通常会承诺至少一年。我们希望通过不断试错来学习和创新，看看新创意是否真的有效。"

第二级 消除"预算周期"

摒弃那些基于胡乱猜测、涉及固定目标和围绕办公室政治的年度计划管理流程，摆脱详细的年度预算周期、固定的年度目标。既然拥有数千名员工的瑞典商业银行可以做到这一点，你为什么不可以呢？只有在必要情况下才选择计划和预测，通过建立短期的月度或周度目标和滚动预测，以一种更动态的方式推进。确保每个人都知道企业是如何努力实现这些目标的，并在最需要的地方按需分配资源。

第三级 创建"包容试验"的环境

适当地试验，巧妙地失败。无论你喜欢与否，试验与失败总是相辅相成的，你必须确保员工敢于试验，否则你将前功尽弃。如果员工失败了，你应该奖励他们，而不是惩罚。你不会因为孩子在学走路时摔倒而惩罚他，那你也要以同样的方式看待试验。没有失败，你永远不会真正成功。

问问自己是否包容试验，员工是否敢于试验。评估、学习和改进，把失败看作是一种进步。许多先驱者定期举行"搞砸"活动，让人们分享他们最大的失败，分享他们所学到的东西。你愿意举办这样的活动吗？

确保领导者是员工第一个分享的人，奖励最好的"失败"，并创造特殊的时刻来庆祝试验。这些有助于创造你想要的"包容试验"的环境，并鼓励他人积极参与。试验应该是有趣和令人兴奋的，而不是具有威胁性的。

第四级 众包试验

建立众包平台，邀请员工加入。创造一个自下而上的运动。数据表明，大规模变革计划失败的概率为70%。问题在于，它们往往由高层发起和管理，却很少得到一线员工的支持，而一线员工将会影响变革结果。建立一个众包平台，让任何人都能尝试新事物，如海尔的创客们。邀请每个人参与并提出建议，自行招募"叛逆者"，开展最受欢迎的试验。

第五级 叛逆时间！

最后，给每个人足够的时间培养"叛逆精神"，我们总结了许多方法：一种方法是通过任命全职"叛逆者"——

一群不断推动事情向前发展的人，来创造专门的试验时间。在 Spotify，为了激励学习和创新，公司鼓励每个小队把大概 10% 的工作时间用在"黑客日（Hack Days）"上，大伙可以做任何自己想做的事情；比利时的社会保障部鼓励员工把 15% 的时间作为"叛逆时间"；谷歌的"20% 自由时间"制度鼓励员工每周花 20% 的时间开发自己感兴趣也可以促进谷歌发展的个人项目，为谷歌成功孵化了许多"计划之外"的神级产品，比如全球月活用户超过 1.5 亿的 Google Maps、E-mail 服务界霸主 Gmail、和 Chrome 完美契合的新闻搜索 Google News、最受欢迎的流量变现工具 Adsense，这些都是 Google 员工利用这 20% 的时间开发出来的工作、居家、旅行软件。

第五章
企业文化：
从"规则和控制"到
"自由和信任"

"你一定要去拜访那个身怀有趣故事而穿着有趣鞋子的人"，这是我们在旅行各地时经常听到的一句话。传闻这个人在一个不寻常的组织中工作，是创建杰出政府机构的背后最强的驱动力。这听起来很有意思，我们决定拜访他，了解他背后的动机。

这次的目标是比利时联邦社会保障公共服务部（以下简称"社会保障部"）的部长弗兰克·范·马森霍夫（Frank

van Massenhove）。在拜访他之前，我们先在网络上初步了解了他，我们深深地被他的书和有趣的小故事所吸引，随着距布鲁塞尔越来越近，好奇心也逐渐爆发。真的会有政府部门让公务员自行决定工作场所、工作时间以及工作时长吗？没有记录，也没有定期会议？虽然我们早已参观相当多先进的工作场所，但这听起来仍然令人难以置信。

不久后我们到达市中心，把车停在社会保障部所在的金融塔附近。金融塔看起来颇具冷酷无情的企业风格：36 层高的玻璃建筑，没有丝毫生机。随后，我们到达接待处，一位友好的女士带我们到了较低的楼层，不一会儿映入眼帘的是一个明亮、多彩和现代的办公空间。前脚刚到，弗兰克也出现了。打眼一看，他看起来像佛兰德的法国漫画系列《丁丁历险记》里的漫画人物——兰比克。他的笑容十分灿烂，眼睛炯炯有神。当然，最夺人眼球的便是早有耳闻的傻乎乎、光彩夺目的蓝色鞋子和极具色彩冲突的袜子。

"我在 2002 年得到了这份工作，主要是因为我在面试中撒了谎。"他的开场白极其坦率，我们没想到这话会从一个领导者口中说出。虽然谎言听起来很严重，但它是善意的。"如果我对自己的放权计划完全坦诚的话，那我很难得到这份工作。因此，我大肆谈论他们想听到的内容，比如实行'命令和控制'的管理方式、向员工展示领导者的权力、下放给员工诸多工作的指令以及由高级管理层制定重大决策等。显然易见的是，谎言奏效了。"

"组织最常见的错误之一是雇佣错误的管理者。管理者拥有彻底的控制权。这感觉是'安全'之道，却缺乏信任，员工被剥夺了责任和所有权。"

从弗兰克进入公司的第一天开始，他便展现了自己的"叛逆精神"。他笑着说，"当我真正开始工作时，我的实际行动与面试中的承诺大相径庭！我知道这很叛逆，但我的目标是让组织建立在自由、信任和责任的基础上。为什么？我对'领导者'的看法与一般的管理者不同，我想营造一种新的工作氛围，因为我对员工的信任与信念感比对自己的更强。"是的，弗兰克的不同远不在于他的袜子。

"然而，付诸实践并不总是那么容易，特别是考虑到当时社会保障部的实际情况。我带着满脑子的想法，欣喜来到这里，却发现这是一个被忽视的、布满灰尘的组织，散落在布鲁塞尔的四栋大楼里。我感到诧异、惊愕，悲哀得说不出话。甚至有一个部门坐落在一个旧的停车场里，走廊上可以开车，有些会议室没有窗户。四栋大楼都有着各自的企业文化，但你也可以在不同部门之中找到非常悲哀的相似之处：一排排的文件柜以及更适合路易十四的层级制度。"

"组织内部沟通机制让我感到局促不安，IT 系统难以正常工作。员工沮丧，积极性不高。他们不敢表现出任何主动性，即便如此也会被否决。大多数人难以准确解释他们的角色和职责，而其为公众提供的服务则是更加让人瞠目结舌。一项调查需要两年的时间早已不是什么稀奇事儿，而真到那时，调查已经不再重要了。"

氛围奇差无比，部门的表现特别糟糕，这也让员工不会关心其他人在做什么。在最初的几年里，效率极其低下的员工也不会受到任何关注。弗兰克有一个清晰的愿景：创造一个他自己喜欢工作的地方。他想要一种爵士乐的氛围，让所有的员工都有家的感觉。

然而，整个组织都在逐渐老化。当部门被称为比利时最无生气和服务最差的政府而臭名昭著时，如何吸引新人才呢？

他承认道，"2002 年的那波申请者的确是别无选择，我不知道如何吸引年轻人。但是，其中两个是我的孩子，所以我决定与他们分享我的疑问：年轻人选择雇主的标准是什么？很快我便得到答案，他们讨厌传统的工作方式，想要自行选择工作的地点和时间。他们厌恶地位象征、层级制度和学历至上的工作氛围。工作关乎员工被赋予信任以及评估上司的权力，关乎一种灵活的企业文化。"

不一会儿，弗兰克突然起身，故事因此中断。"稍后再谈，我想先带你们参观一下这栋大楼，以便你们更好地了解它。"我们在这间布置精美的现代化办公室中漫步，这里没有固定的工作点，取而代之的是各种安静的房间、灵活的工作场所和会议室。各个楼层由大型开放式楼梯连接，光线从各个角度落入大楼。其中一面墙上引用了勒内·马格利特（René Magritte）极具表现力的一句话——"自由是你的选择，而非强制性的义务。"参观大楼期间，我们注意到几乎没有人在场。"今天是法定假日吗？"我们不禁问道。

"不是，今天只是个普通的工作日。组织的黏合剂是信任，作为领导者，你必须赢得员工的信任。给予的越多，得到的就越多。每个人都可以决定他们的工作地点和工作时间，通常来讲，每天大约有五分之一的员工会来办公室。"过了一会儿，一个孩子从身边跑过，一名工作人员自豪地告诉我们，那是她的孙子。"她的父母要工作，无暇顾及孩子，所以我决定把她带过来。孩子跟着我们清洁工四处跑，现在我们要去公园了。"我们开始明白这次旅行拜访的必要性，这里确实有很多值得分享和自豪的地方。

我们聊到了对传统组织架构的不满，不理解为什么组织还要这样运作。为什么我们不敢信任他人，不相信员工们有能力做出简单的决策？在不太可能有人阅读的情况下，撰写手册真的是利用时间的最佳方式吗？我们必须因为少数人的错误而对大众施加严格的规定吗？

许多人的确是这样认为的，恐惧和不信任在组织中占据一席之地。领导者们执着于命令与控制的管理方式，即使这种管理方式已被一再证明不起作用。在我们以前的工作中，这让我们很恼火。密密麻麻的协议和控制机制，接二连三的规则，员工花一半的时间为经理撰写报告，让经理的控制欲得到满足。不幸的是，报告的内容深奥且晦涩难懂，以至于经理们根本看不懂。

还有一个鲜活的例子是：员工出差后，必须填写冗长的报销申报单。页数之多，即使对最敬业的文员来说也是一个巨大的挑战。接着，团队领导进行批准签字，之后申请便被送至一个专门负责表格检查的部门，日复一日，年复一年。结果表明，大多数的员工最终会无限接近甚至突破最高额度的限制，如酒店住宿的最高限额为 300 欧元，那么账单将是 299 欧元。

一个恰好在成本限制范围内但提供额外飞行里程的航班？订它！这听起来很幼稚，但当你像对待孩子一样对待别人时，就会发生这种情况。

针对这种情况，"人生愿望清单"上的一家公司有着不同的解决方案。流媒体服务公司奈飞（Netflix）在公司差旅方面只有一项政策："一切为了奈飞的最佳利益。"像花自己的钱一样对待公司的钱，并使所有成本透明化，相信员工有足够的责任感做出正确的决策。这样做的好处是什么？更多的自主权，更少的规则，而且不需要任何部门来做不必要的监督检查。

这个烦琐系统的愚蠢之处在法国制造公司 FAVI 前CEO 让 - 弗朗索瓦·佐布里斯特（Jean-François Zobrist）的一件趣事中展现得淋漓尽致。一个星期天早上，他在法国北部乡下的家里接受我们的访谈。"有一次，我在工厂里的时候遇到了工人阿尔弗雷德，他在储藏室前等着，我问他在这儿干什么。阿尔弗雷德回复说，'我得换手套了。'手上拿着老板给的优惠券和他的旧手套。规定是这样的：当员工需要新手套时，他必须把旧手套给老板看，然后拿一张优惠券去储藏室，用这张优惠券和旧手套来换新手套，这个过程让我觉得非常不切实际。会计部门告诉我，阿尔弗雷德操作的机器每小时运行成本为 600 法郎，手套的价格约为每双 6 法郎。简单算算，烦琐的过程造就了'天价'的手套。即使员工不时带一双手套回家，也丝毫不会影响大局。"

这的确极具讽刺意味。许多行业先驱早已达成共识，只有 3% 的员工可能会钻规定的空子。而烦琐系统的实施意味着为了防范 3% 的员工，却扼杀了 97% 员工的生产力、自主性和快乐。领导者对员工和同事缺乏信任，渴望控制全局，使得组织与员工失去了自主权。

现代的工作方式让人"生病"。荷兰应用科学研究组织（TNO）最近的一项研究发现，工作倦怠的问题日益严重，其中一个主要原因是自主性下降，员工觉得自己对工作没有太大的控制权，而且情况越来越糟糕。我们似乎要回到工业时代了。

后果是什么？这非常不利于工作场所中的自由和信任。我们看到了员工对身心健康的抱怨、对工作的不满，进而导致动力不足，以及言语和行动之间的巨大落差。研究不断表明自主、自由和信任为组织带来的好处，但事实上并没有任何改变。

快乐的公务员

弗兰克告诉我们他所面临的挑战。"我们的目标是让公务员工作更加快乐，建立一个更加高效的政府，希望社会保障部成为一个有吸引力的组织，让顾客和员工感到宾至如归。"弗兰克为组织提供了变革的起点，分享了愿景，并让员工在过程中发挥重要作用。"我们告诉员工：'这是我们的目的地，但我们能否到达、如何到达取决于你们。'"信息传达得相当清楚。"为了彻底告别粗糙杂乱的组织，我们必须一改之前的管理方式，质疑所有的做法和假设，彻底改造和重建组织，我们问自己员工真正想要什么。"部门提出了一些棘手的问题，比如我们如何从零开始设计和重塑组织，我们如何建立一个以客户满意和结果为导向、让员工感到快乐的政府部门。

"在3年的组织转型期间，我们尽量让员工参与进来。要想重塑企业文化，最重要的是让员工与组织目标保持一致。那么现实中是如何实践的呢？我们让员工描述他们的理想未来，与员工们保持密切联系，获取信息并从中学习。领导者与员工对话，询问员工的困扰、工作驱动力以及何种改变会让他们快乐。

这一期间的转型动力源于员工对诸多问题的回答。弗兰克承认，他并没有想出很多新点子。"大部分想法是由员工贡献的，我们参观了各式各样的企业和政府机构，然后'偷'走了它们的创意。"

员工可以自行决定如何最好地提供和更新服务，每个人都能够为组织出一份力，他们的想法应该被认真对待。员工比任何人都更了解政府的一切，他们推动了这场变革。

迈出第一步后，组织对工作结果的关注成功取代了对工作时长的痴迷。关心员工在办公桌前工作了多长时间；而不去关心他们是否完成了工作，因为这样的考察是毫无意义的。"人们通常认为，当员工坐在办公桌前时，他们的工作效率是很高的。"如员工待在办公室纯属是为了耗时间，这将逐步演变成一场恶性竞争，一场看谁能待得更久的变态游戏，在老板之前下班是不可能的。这种情况必须改变！我们想把重点放在工作结果上。

目前的社会保障部以"团队网络"的结构良性运作，由团队成员评估其领导者；地位象征早已成为历史，高级管理人员和员工们同坐一旁。员工有完全的自主权来决定自己的工作时间：虽然平均时长只有 6 小时，但他们的工作效率要比往常高出许多。在最初的三年里，生产率增长了 18%，之后保持平均 10% 的年增长率。社会保障部因病缺勤的人数在比利时是最低的，几乎没有人倦怠工作。在没有实施任何性别平权政策的前提下，社会保障部获得了性别平衡组织奖。弗兰克将其归功于组织灵活性的转变："有许多公司让女性转为兼职工作以平衡工作和家庭的生活，而在我们这里没有这个必要。"

除此之外，社会保障部成功营造了一个吸引新人才的环境。"组织转型之前，我们平均每个职位收到 3 份简历申请，而现在这个数字已经接近 60 份。过去只有 18% 的申请者愿意来社会保障部，现在这一比例已经上升到 93%。转型的结果表明，基于自由和信任的企业文化确实卓有成效，虽然做着类似的工作，但我们的工作方式不同。"这种模式是否只能够吸引年轻一代？弗兰克不这么认为。"虽然我们起初是针对年轻一代，但是谁更享受呢？年长的一代。让我来带你们看看组织是如何践行自由和信任的。"我们走过一扇紧闭的门，弗兰克停了下来，"我们允许员工自由装饰他们的办公室，"他笑着打开了门，"这是我们的 IT 部门：一个没有自然光的房间，满是炫目的屏幕！这正是员工自由选择的！"

社会保障部向我们展示了组织如何能够在根本上改变和改善工作。的确有一些地方可以让员工蓬勃发展，工作变得更愉快，结果自然也会改善。当然，要从第一天起就做到这一点并非易事，这是一个艰难的过程，但值得所有人努力。这不仅需要具备事物变好的信念，更需要一股健康的勇气。弗兰克通过起初的沉默和锐意进取证明了这一点。如果各位部长知道他的计划，他们定会阻止。"在我的一生中，我从未遇到过像政治家这样厌恶风险的人。每个人都想要一个高效、一成不变的政府。所以，在取得必要的成效之前，我需要保持沉默。"这是一个真正的"企业叛逆者"。

员工一周五天在不在办公室，这很重要吗？答案显然是否定的。一旦我们接受和理解了这一点，接下来所面临的挑战就是确保远程办公的员工有效地工作。管理决策的第一项便是设置高效的 IT 系统。所有团队成员（即政府公务员）都会收到一台笔记本电脑和一部联网的电话，而一旦基础设施就位，那么工作便具备了极大的自由度和灵活性，无论是在办公室、酒店、咖啡厅或家里，员工都可以进行高效的远程工作。目前的技术可以帮助实现这一切，为什么不使用它呢？

然而，这并不是社会保障部唯一的变化。"打卡制度被废除，流程更加人性化，工作场所更加舒适，文件数字化，员工不再需要去办公室翻箱倒柜。员工重新获得了对生活的控制。"弗兰克说，"在 92% 灵活自由的员工之中，大约 69% 的人喜欢大部分时间在家办公，其余的人照常来办公室工作。那些想知道自己的工作时长的员工可以自行记录，少数人（大概 16%）坚持这样做，我对此完全没有意见。许多人来到办公室，因为它是一个工作和聚会的好地方。但正如我所说，我们不检查他们的工作时长，我们关注的是结果。"

我们鼓励那些较为自由和灵活的员工至少每两周来一

次办公室，日期和时间由团队成员自行决定。最重要的一点是，员工有自行决策的自由。你可能会好奇，这种模式如何适用于那些受工作地点约束的组织，如工厂工人、零售人员和护理助理。即便如此，我们也能看到，那些对结果负责的员工是足够聪明的，他们清楚地知道自己何时何地被需要。规则是没必要的，把选择权和责任交给团队成员而非官僚们。"

比利时社会保障部的公务员们证明了不考虑生产力而一味坚持朝九晚五的工作状态是毫无意义的，乏味、无激情的工作场所的另一个极端是希望员工全天候地工作或思考工作。在许多部门，每周工作 80 小时似乎是实现成功事业的必要条件。无论是明确的规定还是隐含的潜规则，员工都应该做到随时待命。这种病态的文化随处可见，其中比较典型的是法律界。

幸运的是，有一些公司成功避开了这场恶性竞争。我们在世界的两端认识了其中的两家。一家是位于新西兰惠灵顿的 WCLC 律所，那里的金字塔式层级制度在短短 6 个月内被废除，遵循透明公开化的原则，省去了许多不必要的烦琐程序；另外一家是位于欧洲乌特勒支的律师事务所 Brugging & Van der Velden（简称"BvdV"）。BvdV 成立于 2006 年，以其每周 4 天的工作时间而闻名，且不鼓励员工加班。我们有幸见到了创始人之一——舒尔德·范德费尔登（Sjoerd van der Velden）。

人 人 平 等

我们原以为 BvdV 的办公室会挤满一群西装革履的律师，但事实上完全不是。舒尔德一身随性的牛仔裤和套头衫，站在他旁边的是公司的一位年轻同事玛蒂娜。"这样你们就不会只听我唠叨了。玛蒂娜更能解释我们公司的工作方式，也能帮助我更好地分享。"这是一个美妙的开始，我们迫不及待地想知道接下来的行程。

他们把我们带到一个大会议室，在一张椭圆形的桌子旁坐下，吃了几片荷兰的特产面包，上面撒着些巧克力碎屑（非常值得尝试）。不一会儿，舒尔德端来咖啡，并倒上了牛奶。午餐时，他告诉我们他的灵感来自巴西企业家——也是我们的"人生愿望清单"中的行业先锋——里卡多·塞姆勒。"多年以来，我一直就职于一家比较传统的律师事务所。我并不是不开心，但心里总埋藏着一颗种子：即使在律师这一行，我们其实也可以采用不同的方式工作。传统合伙人结构造成了许多不利影响：严格的层级制度、荒谬的工作时间和有限的成长空间。塞姆勒表示，当员工拥有自由和信任时，他们的表现会更好。既然如此，那么为什么我们不这样做呢？2006年，我们以此为基础成立了这家律所。我们希望有一家公司，从创始人到秘书的每个人都有自己的发言权，希望每个员工都能像一个企业家一样思考和行事。这个地方应该属于每个人。"

这个办公室有大约20名员工（人数刻意保持在低水平），每个人都有发言权。公司的一切重大决策都是在半年一次的会议上做出的，就在这张桌子旁。一切涉及企业理念的事项都需要讨论，每个人都要对此做出贡献。会议从不由同一个人主持，与会者不寻求民主多数，而是努力达成共识。平等是最重要的。除此之外，在传统公司中，带来越多工作的人往往会获得更大的利益。不同的是，BvdV 权益合伙人的任命必须得到所有员工的同意。"我们考虑到了更多的社会要求。员工只有在具备股权时，才拥有分红的权利，且最长持股时间不超过13年。这种方式保证即使是新加入的员工也总有晋升的机会。"

但是，BvdV 是如何打破律师事务所最顽固的压抑工作周的？玛蒂娜解释道："每个人都要对自己的工作时长负责。我们给予对方充足的信任，这让我们可以自行决定工作的天数、计费工时及时薪。我们不记录年假，而这并非消除了员工的义务。自由和责任总是相辅相成的，我们采用收支平衡点（BEP）的计算方式。我们每年都会计算要维持这个办公室的运转需要多少计费工时，而只要超过收支平衡点，每多工作一小时都会产生利润。每个人都有基本工资，但也有超出 BEP 的利润分成。成本的控制关乎每个人的利益，因此，越早达到收支平衡点，员工越早获得利润分成，共享利润也就越高。员工的利益与公司的利益紧密结合，这也确保了每个人都会为自己的行为负责，过度消费的行为也就很少出现了。一切公司的运作，包括接听电话、复印、清理办公桌、煮咖啡和洗碗等，都是大家共同的任务。"

饶有兴趣地听完这一切，我们不禁对一个很关键的问题产生疑问：既然利润共享，那么 BvdV 如何确保员工不只是专注于赚钱呢？"公司每位员工的每年工作时长有一个上限，相当于大约 1 128 个计费小时（每天 6 小时，每周 4 天，每年 47 周）。"玛蒂娜解释说，"我们设定了营业额上限而非营业额目标，目的是防止过度收费，并实行'4 天工作制'。当然，你可以工作更长时间，但这在收益方面没有任何好处。我们相信健康的工作与生活平衡有助于员工的创造力和长期职业发展。每周工作 4 天成为 BvdV 的常态，而非例外。"

让我们来看看在"正常"的工作周，在朝九晚五的工作日里，你如何设定目标、衡量你取得的成就或量化你的进步？你通过团队合作，让整个团队对结果负责。你摒弃自上而下的控制，采用同辈评估的形式。你和你的同事密切关注团队的表现，这与单纯对老板负责是极其不同的，而结果的衡量方式取决于团队。对于某些人来说，衡量方式在于制造的零件数量或响应时间；对于其他人来说，是客户满意度或收到的投诉数量。在这个过程中，我们不难看出开明自由的变革给 BvdV 所带来的回报。而在许多其他公司中，灵活性确保了员工更好地平衡工作与生活。

"4 天工作制"

实行"4 天工作制"的先行者是新西兰的资产管理公司 Perpetual Guardian，近 250 名员工在 2018 年 3 月和 4 月参与了这个"做四休三"的实验，这些人每周工作 4 天，每天工作 8 小时，但还是领 5 个工作日的薪水。公司邀请了奥克兰理工大学的教授来观测评估实验结果。结果显示，超出 78% 的员工认为他们可以平衡工作与生活，压力水平降低了，工作动力、效率和生产力大幅提高。

人们常常听到这些成功的故事，并立即认为成功范例应该成为新的规范。我们需要遏制这种冲动，因为最重要的是确定哪些有效而哪些无效。我们学到的非常重要的一课便是：世上没有圣杯，没有灵丹妙药，没有"一刀切"

的通用解决方案。变革的核心在于每个组织都应该敢于尝试，以获得新的见解，寻找更好的方式。

"4 天工作制"可能是解决弹性的工作时间偶尔引发的问题的答案：当员工突然迫切被需要时，身边却没有人。"4 天工作制"是凯思·布莱卡姆（Kath Blackham）10 年前提出的解决方案，当时她在墨尔本创立了 VERSA。目前 VERSA 已拥有 55 名员工，其宗旨是通过网络、移动端和平台开发（包括语音技术）让人们的生活更美好。VERSA 自成立以来获奖无数，其一半的客户群体为非营利组织和政府组织。我们在凯思家的草坪上与她会面，讨论"4 天工作制"的影响。

自 2018 年以来，VERSA 将员工的工作时长压缩到 4 个工作日，凯思也不得不努力适应新的时间表。但她坚持认为：缩短工作时间已被证明是行之有效的。"对于员工而言，额外的休息日可以促进心理健康，有更多的时间照顾孩子，并激发员工的创业精神。这对企业也大有裨益，例如员工工作更专注、缺勤率更低和生产力更高。"

起初凯思向领导团队的其他成员提出这个想法时惨遭拒绝，有些人担心收入下降。然而，她不顾他人的反对，进行了一项为期 90 天的"做四休三"实验。其中，3 名员工每周工作 4 天，但还是领 5 个工作日的薪水。90 天过后，结果显示这 3 名员工在计费工时、利润和收入方面的表现惊人的优异。于是该实验迅速开展到公司的所有员工身上。创意总监安德鲁·艾萨克（Andrew Isaac）反映："变革实施的早期的确是举步维艰，每个人都必须找到自己的方式。我必须弄清楚如何安排我的所有会议，并保持高效的工作状态。这并不是一件易事，但它确实帮助我更聪明地工作。我觉得其他人也是如此。"

一年后，凯思和她的同事们逐步走上正轨，"利润翻了一番，收入增长了 46%，员工留存率从 77% 增加到 88%。员工更加健康，也更加快乐，病假率也越来越低。"尽管如此，凯思并不愿意将所有的功劳全归功于这一点。"很难说我们的进步有多少可以归功于'4 天工作制'，但不可否认的是，这的确是巨大的成功。"

全球各地的开创性实践

比利时的社会保障部、荷兰的律师事务所 BvdV 以及墨尔本的 VERSA，可以说是基于自由和信任而建立的先进组织的典范。它们摒弃传统的管理理论，拥抱新思想，把员工从规则与制约中解放出来。它们尊重员工，也因此收获了丰厚的回报。

需要说明的是，这并不意味着每个人都可以为所欲为，当人们不再关注你的工作时长而是最终工作结果时，你必须努力实现目标。当控制机制消失时，你不能钻规则的空子，你需要做出自己的判断。改革者希望员工充分利用大脑，实现自主工作。当传统的"规则和控制"管理模式被基于员工共识和灵活的工作方式的新型"自由与信任"管理模式所取代时，或许有一些想法可以启发你。

第一级 设计自己的工作场所

赋予员工权力，赋予员工设计和装饰办公室的自由，让员工自行决定自己的需求，这是实现第一级自治的最简单的方法。这通常归结为各种各样的空间利用：安静的场所、会议室以及舒适的休闲场所。回想一下比利时社会保障部的 IT 团队，有些人偏好开放的空间，而有些人则更喜欢没有窗户的办公室。只要选择权在员工手上，你就是在做正确的事情。

第二级 "结果导向"

如果你以工作结果来衡量员工表现，那么你必须采取"结果导向"的工作方式。如何设定和实现目标？如何衡量绩效？这些指标各不相同。有些领导者每周确定团队目标，并在墙上或白板上实时展示，或者使用 Trello 等在线工具。这一切都是为了能够评估进展，而员工们如何自我管理是他们自己的工作。"结果导向"的工作方式可以激发员工的工作动力，并确保员工为组织做出贡献。

第三级 摒弃控制机制

把钟表扔出窗户，忘记固定的工作时间，给员工以自由。为员工提供无限的假期，烧掉那些堆积如山的文件夹，停止为3%的人的过错制定繁冗的规则，鼓励尝试。如果你不信任你的员工，为什么一开始要雇用他们？当你表现出信任时，一切都会出错吗？员工会不来上班吗？如果是这样，也许他们毫无工作动力。另一方面，如果没有人休年假，你还会有另外一堆不同的问题需要解决，而这经常发生。解决问题的根本是连根拔起，而不是消除表面症状。给予员工自由和信任，开始真正的工作。

第四级 同级评议

自上而下的控制和评价是大多数传统公司的准则，取消吧，它没有为任何人服务。改革者表明有一种方式行之有效，让员工对同事负责，而不是对老板负责，营造一个开放的环境。员工学会如何提供有效的、定期的反馈，进而创造透明的企业文化。

第五级 自定薪酬

真正的激进主义者允许员工自行决定自己的薪资，事实上许多公司在这么做，而且效果很明显。一般来讲，工资的设定代表着隐私、秘密、政治和不诚实，其结果是难以愉悦地达成共识。在进步的组织中，人们必须考虑真正的自我增值。他们清楚地知道，在设定目标和评估自己之后，便可以确定自己的薪酬。

第六章
管理模式：
从"集权"到
"分权"

20世纪90年代末，美国海军核潜艇指挥官大卫·马凯特（David Marquet）决定尽可能少下达命令。马凯特的做法既坚定又激进，他贯彻始终，在这艘核潜艇上只做出了一小部分决策。人们可能会觉得这样的举动会导致混乱，进而引致危险。相反，组织却出现了一些有趣的发展。马凯特的潜艇变得更加实用，船员们的表现比以往任何时候都好。几乎没有人会预料到，这种激进的权力下放会在严格的军队等级制度中取得成功。指挥官马凯特是如何做到的，我们又可以从中学到什么？"企业叛逆者"出动的时间到了。

当我们与马凯特取得联系时，他告诉我们他不久后将在丹麦会议上分享他的故事。没过多久，我们就决定随行。又一次，我们登上了飞机，而这次是飞往哥本哈根。我们此次出行的计划是想要一石多鸟，利用这次访问追击其他"人生愿望清单"上的行业先驱们。我们会与《如何掌控自己的快乐和工作》的作者亚历山大·柯尔沃夫（Alexander Kjerulf）和丹麦助听器制造商奥迪康（Oticon）的前CEO 拉斯·科林德（Lars Kolind）共度一段时光，其中科林德是另一位瓦解传统工作场所的先驱。

打开潜艇的钥匙

在一个阳光明媚的春日，我们抵达了哥本哈根。很快我们就发现了马凯特，与我们对前海军指挥官的想象不同，他一身休闲的牛仔裤、蓝色衬衫和黑色夹克，略显随意，但他的眼神让你非常清楚地知道，你面对的是一名军人、水手。在活动的会场，马凯特分享了他的特殊管理方法，这也在他的自传《授权：如何激发全员领导力》中有所描述。

在演讲和随后的谈话中，他都非常明确地表示，他的突破往往是出于迫不得已，而不是阳光和彩虹般的美好故事。

"当我年轻的时候，我决定要成为一艘核潜艇的艇长，最终我真正实现了这一梦想。有一次我临危受命，指挥一艘载有 135 人的'奥林匹亚号'核潜艇，这艘潜艇能够在海上停留数月。"一般来说，在他真正有资格拿到"奥林匹亚号"的钥匙之前，他必须花至少一年时间来了解这艘核潜艇的具体情况。"我很高兴能够担任指挥，我想拥有一艘伟大的舰艇！在刚开始的一年里，我心中所想的一切就是向我的船员下达重大命令。我相信，如果我能够下达不错的指令，我便能拥有一艘不错的舰艇；如果我能够下达优秀的指令，我便能拥有一艘优秀的舰艇；如果我能够下达伟大的指令，我便能够拥有一艘伟大的舰艇！这不就是艇长的职责所在吗？"

经历了一系列长期且细致的研究，马凯特做好了充分的准备，迫不及待地立即开展行动。"就在我将要担任'奥林匹亚号'指挥的前一周，我接到了上级打来的电话，'计划有变，你不再接手"奥林匹亚号"，现在你要去指挥"圣达菲号"。'前任艇长辞职了，他已经受够了。"处境变得尴尬起来，马凯特对"奥林匹亚号"了如指掌，对"圣达菲号"却几乎一无所知，这种不了解使他非常沮丧。"奥林匹亚号"是美国舰队最好的舰艇之一，相比之下，"圣达菲号"是美国海军中的丑小鸭，经常被当作反面素材，落人笑柄。马凯特说道，"'圣达菲号'是众人嘲笑的对象，她的表现最差，在所有潜艇中士气和员工留存率最低。在我上任前一年，在135名船员中，只有3人是新入伍的。"

"我非常沮丧，有些不知所措。长久以来我所接受的是'奥林匹亚号'的培训，相比之下'圣达菲号'是一艘极为不同的潜艇，技术知识难以适用。我试着想象自己在'圣达菲号'上下达了这些伟大指令的场景，如果我对这艘潜艇一无所知，我该怎么做？"当他第一次踏上"圣达菲号"时，船员的士气明显处于低谷。他回忆道，"作为新上任的船长，我慢慢穿过甲板，通道很窄，就像在飞机上一样。路上看到一些船员，我便试图跟他们打招呼，他们却如同行尸走肉，一言不发。犯了错的他们落魄感十足，而当控制权一再被剥夺时，他们便会犯更多的错误。船员们在想：求求了，就让我熬过这一天吧。"

新上任的指挥官也有自己的担忧。"他们刚刚把我派到表现最差的潜艇，而我马上就要接受检阅。我们会在海上航行一周，发射鱼雷，一批高级军官们会时刻观察我们的一举一动。我告诉船员们要认真地研究手册、研究手册、研究手册！时间非常紧张，我们还有许多事情要做。"在引擎室里，马凯特注意到甲板中间有一个水泵，却无人在旁看守。"我们需要安好这个泵，让它能够正常工作。我随即找到了机械部门主管，询问道：'这是怎么回事？为什么水泵还没修好？他说：'唉，艇长，他们没订购好适合的配件。'我问：'他们？他们是谁？'他回答说：'供应部。'"

"此时，供应部主管正睡在机械部主管的正上方。"这是一个教科书般的例子，体现了中央集权决策的作用。员工们不再使用他们的常识，只是等待命令下达。在海军中看到这种情况并不是特别令人惊讶，船员就应该执行命令，而不是质疑和违抗命令。这点不仅适用于军队，大多数的传统组织通过集中决策运作，权力主要掌握在少数精英手中。你在金字塔的位置越高，你的影响力就越大。决策命令在各层级之间上下流转，上级希望员工能够尽可能精确地执行命令——不管他们同意与否。如果有了新的想法，员工会在采取任何行动之前请示上级。

100年前，集中决策是相当合理的做法，协调相关事务、确保决策者充分了解情况，使决策与战略保持一致。在一成不变的世界里，这是明智的。当时的教育水平较低，政策更加务实和线性。然而，时代在进步，现如今的员工通常有良好的教育背景，较强的适应能力，他们再也不能坐以待毙，等待"上级"来做决定。"集权"根本不符合现代的工作方式和工作环境。

这是我们在成立"企业叛逆者"之前时常经历的事情，比如说，当我们为核心客户准备提案时，必须收集一系列签字。首先是找到所有必须签字的经理，他们提出的问题与报告内容毫无关系，行为实属掩耳盗铃。没有人知道前线真正发生了什么：支票是由象牙塔里的人开出的，而第一个签字的人作为发起者，应首先承担责任。一旦出现任何问题，他便是罪魁祸首。当完成第一个签字时，对于自己以及后续的人来说着实是一种解脱，但这并不是结束。工作不再关乎责任、所有权和企业家精神，那些身居高位的领导者对他们一无所知的事情负有责任。

集中决策带来了十分令人沮丧的后果，员工不愿承担责任、有惰性，糟糕的选择和无休止的协调等，这些后果则需要所有人共同承担。员工所做的每件事都需要经过核实、批准和签字，这也侧面说明了企业运作系统的某一环节早已残破不堪、不起作用了。一旦牵涉到决策制定，传统企业就像吃了镇静剂的树懒一样，这早已不是什么新鲜事儿，烦琐的流程带来的瓶颈甚至比啤酒厂的瓶子还要多。研究表明，决策的延迟会导致三分之一的产品延迟或不完全交付，大量工作时间浪费在无意义的等待上。如果说所有这些等待都能带来好的结果，事情可能就不会这么糟糕了，但事实并非如此。

传统企业不仅决策速度相当迟缓，质量方面也极其糟糕。麦肯锡的一项调查发现，72%的高管认为，做出糟糕的决策和好的决策一样频繁，换句话说，糟糕的决策也是公司的常态。可恶！

活 在 过 去

我们常常生活在过去，仍然在使用一个不复存在的世界所设计的组织结构和工作流程，这就像在诺基亚3310上玩最新的Rockstar游戏。这也就是组织改革者放权的原因，想象一下员工自治、手握权力的感觉，这会大大增加员工的参与度。如果公司把员工当作负责任的成年人来对待，那会是什么样子呢？马凯特在哥本哈根的会议上为我们解答了这些问题。"我们正在为检阅做准备。现在请记住，尽管我接受的是其他潜艇的训练，但是我很熟悉下达命令和指令，这正是艇长应该做的。我给甲板上的军官发出命令（更多的是建议），一名本应负责这项工作的初级水手回应说：'我们不能那样做。'与其他潜艇有所不同，'圣达菲号'上的船员们私下里似乎都不大可能执行命令。"

然而，一旦上了船，他们便会毫无疑义地接受命令，即使这些命令无法执行。马凯特知道，组织必须实施变革，且要迅速。但他也清楚自己作为指挥官，也是问题的一部分，他必须改变这种自上而下的领导方式。于是，他逐渐减少下达"不可能"的命令，开始在潜艇上四处巡视，询问船员们许多问题。比如，如果你是我，你会怎么做？"圣达菲号"运行良好的部分是什么？你最大的挫折是什么？为什么潜艇表现这么差？你希望做出何种改变？你想保持什么不变？我能够为你做些什么？我怎样才能帮助你表现得更好？等等。

马凯特很快发现了新旧方式的好与坏，旧的做事方式的确令人沮丧，而这种新型方式与安娜堡的阿里·维恩兹威格亲自为餐厅的客人倒水的风格一致，即走动式管理（Managing By Wandering Around，MBWA）。MBWA 是美国管理大师汤姆·彼得斯（Tom Peters）提出的一个管理术语，而彼得斯也是"人生愿望清单"中启发我们的行业先驱之一。彼得斯告诉我们，在这些走动时的随机出击中，最重要的是自发性！

当我们发布那篇关于"无知的冰山（Iceberg of Ignorance）"的文章后，反响相当热烈。据说在 1989 年，当时有一个咨询顾问西德尼·吉田（Sidney Yoshida）做了一项关于日本汽车制造商康奈可（Calsonic）领导习惯的研究。在研究中，她揭露了权力和信息的糟糕分配，具体来说，在管理链条上爬得越高的人，对组织一线问题的了解就越少。她发现一线员工了解到的一线问题，只有74%的团队负责人、9%的中层管理人员和4%的高层管理人员有所了解。吉田的数据在今天是否准确和有效还有待商榷，但鉴于绝大多数组织令人费解的行为，这种推测是很有可能成立的。"冰山"是对现代职场悲惨状况的形象比喻，在发展态势良好的时候，这可能显得并不重要；但在不景气的时期，领导者需要紧急而准确的信息才能生存，而这正是角色颠倒的时候。地位低、信任度低的领导人最终可能会感觉像3月15日的恺撒大帝（行将处决），他们将独自解决自己的问题。显然，即使是最英勇的领导团队也不可能解决所有的问题，尤其是当他们只知道冰山一角的时候。

这个问题不仅发生在自上而下结构的组织之中，高层管理人员所面临的挑战是经常被一线员工误解，这也是造成无效沟通、错误理解和错误判断的最重要因素。在走动式管理阶段，当艇长询问船员的具体任务时，往往听到的回答是——"他们叫我做什么我就做什么"。这就说明了问题，如此回答不仅体现了船员们的羊群心态，也凸显了传统组织文化的最大潜在危险。在马凯特的135名船员中，只有5人且都是军官才知道要做的工作，其他人只是奉命行事、随时待命罢了。他说："我们越是想要控制，人们就越少思考。当我接受的是另一艘潜艇的训练时，我的确需要现在船员有能力自我思考，我必须停止掌控一切。我说：'同志们，我不会再下达命令了，因为只要我一下命令，你们就无条件遵守。如果我下错了命令，我们都可能会死。'这个举动改变了整个舰队文化。从一个人告诉另外 134 个人开始，另外 134 个人成为有创造力、积极主动和积极思考的人。"

船员们得到了更多的控制权。马凯特因此提升了船员的积极性，减少了官僚作风。他不再分配具体的任务，而是提供指导方针，确保军官们自行创建任务清单。他决定只做些提问，揭示船员解决自己的问题的想法和过程。马凯特决定以此为基础，逐步使'圣达菲号'摆脱了传统海军的控制机制和指令性。他废除了自上而下的控制，并尽可能地下放决策权。"不要把信息交予权威，而是将权威基于信息。"他在《授权：如何激发全员领导力》一书中写道。

在"圣达菲号"上待了 3 个星期后，可怕的检阅时间到了！"高级军官们登上潜艇，然后，奇怪的事情发生了，演习竟然进行得出奇顺利，船员自行思考，而不是单纯等待指令。他们给鱼雷装上了正确的弹药，没有犯平时犯的错误，一瞬间似乎每个人都变得更机敏了，我实在是无法理解，这距我上艇才刚刚 21 天。上级对我说，'这是一艘新潜艇，而我们舰队的评级也从垫底上升至中游水平，这实属是令人震惊的结果。我告诉高级军官们，我放弃了对舰队的绝对控制，并赋予了船员相应的自主权，他们开始明白我们是一个整体、一个团队。我们所做的是让人们更快乐，我们不可能在这么短的时间内学会我们需要知道的东西，但是我们可以让人们更快乐。当船员的工作更快乐时，他们不仅表现得更聪明，他们本身也变得聪明起来。先让员工变得快乐，绝佳的表现便是顺理成章的事情了。"

美国式故事往往伴随着一个圆满的结局，马凯特的经历也是如此。短短一年之内，"圣达菲号"从舰队中表现最差的潜艇变成了最好的团队。最令人高兴的是，在马凯特离开"圣达菲号"之后，他的变革仍持续影响了数十年。他说："我们非常清楚当我们赋予船员控制权的时候会发生什么，船员会参与其中，充满激情和活力；他们开始思考，源源不断输出新的想法。第二年，新入伍的不再是少得可怜的 3 名水手，这个数字变成了 33 名。仅仅一个船队中，成功培养出 10 名指挥官，这是一个非常不成比例的数字。"

马凯特指出，拥有重要决策权的员工会具备更强的创业精神和自豪感，他们开始独立思考。一线的员工了解问题的本身、问题的症结以及解决问题的方法，知道如何让客户和供应商的工作生活更轻松。为不再制造瓶颈的领导者腾出时间成为可能。

在传统的组织中，我们看到两种决策方法。第一种决策方法是最流行的自上而下的命令式管理，这也是马凯特深刻了解但深知不可用的决策方法，领导者通过告诉团队如何执行指令来控制全局；另一个极端是共识性管理。这两种方法都为人所熟知，各有利弊。改革者早已告别了这些刻板印象，积极采取了替代策略。马凯特艇长向我们展示了如何在不破坏军队层级的情况下更好地放权。除此之外，我们还听到了其他一些有趣的举措，在这些举措中，领导者将决策权置于尽可能低的位置。

为了防止出现"金字塔尖"综合征，以及将时间淹没在基于共识的缓慢决策过程中，许多改革者采用了另一种方法：建议流程（Advice Process）。我们是在与弗雷德里克·莱卢（Frederic Laloux）共进晚餐时了解到的，莱卢是畅销书《重塑组织》（*Reinventing organizations*）的作者。后来，我们在巴西的 IT 公司 Vagas、Smarkets 的英国开发人员以及晨星番茄公司（Morning Star Company）的美国番茄加工商那里，都看到了"建议流程"决策过程的实施。

道格·柯克帕特里克（Doug Kirkpatrick）和小保罗·格

林（Paul Green Jnr）都是晨星的早期员工，在我们参观位于加州洛斯加托斯的工厂时，他们向我们分享了更多关于"建议流程"的事情。柯克帕特里克说道，"主要概念简单易懂，如若实施得当，便会非常有效。'建议流程'使得每个人都有一定的决策权。"

"'建议流程'有一个先决条件：在任何人做决策之前，他们必须寻求适当的建议，而这必须由那些将受到决策影响或是有相关决策经验的人提供。决策者会考虑不同的观点，但是值得注意的是，意见只是意见，仅仅作为参考，决策权属于发起这件事情的人。""建议流程"把责任留给了决策者，决策者不需要是一个权威人物。这使得该策略有效且稳固，让每个员工都能发挥主动性，并在没有令人沮丧的妥协的情况下掌握主动权。最重要的是，员工对影响自己的决策拥有自主权。

我们经常被邀请分享我们在各个会议上学习到的故事和知识，被邀请去一些公司讨论我们所遇到的行业先驱。同时，这也能够帮助我们发现潜在企业以扩大"人生愿望清单"。真正激进的实例的确很难找到。有一次在巴塞罗那，当我们向一家大型时装公司的董事会做报告时，我们碰巧得知了一家极具个人风格的新兴先锋企业。

想必你也猜到了，闻讯不久，我们便已经坐上了前往彼地的飞机。在 11 月寒冷的一天，我们来到瑞士的山城圣加伦，拜访全球人力资源公司豪夫 - 乌曼蒂斯（Haufe-Umantis）的总部。

员 工 为 首

这里的景色美得令人窒息，湛蓝的天空和白雪覆盖的街道，我们在公司内部的酒吧里享用着热咖啡。豪夫 - 乌曼蒂斯公司的 CEO 马克·斯托费尔（Marc Stoffel）是一个十分开朗热情的人，也是我们遇到过的唯一一位通过民主选举出的 CEO。他三天没刮胡碴，穿一身蓝色衬衫和深色牛仔裤。斯托费尔带我们参观了这栋非常现代的建筑——明亮的色彩，大量的玻璃，后面的墙上贴着公司员工的宝丽来照片。我们就座，开始聊起了正事儿。

故事先从公司的成立说起。斯托费尔娓娓道来，"在 2001 年，赫尔曼·阿诺德（Hermann Arnold）决定成立乌曼蒂斯公司，旨在改变传统的工作方式。"阿诺德深受民主思想的影响，并基于此创建这家公司。他的口头禅是"员工应该领导公司。"阿诺德的这句话至今仍影响着员工之间的关系以及公司经营的方式。"我们的使命是让员工尽其所能，发挥主观能动性。"是的，这家公司并非一般的企业，它更像是一个微型的民主国家。

民主的探索之旅也带来了一些未曾料到的结果，斯托费尔在2005年加入的时候公司只有20名员工。他告诉我们，"公司第一个真正的民主决定是在2008年，当时公司陷入严重的财务困境，无可奈何之下便开启了组织的变革，公司必须采取激烈的行动。于是，阿诺德召集了70名员工开会，向大家解释了公司的情况。他提供了两种可以确保公司生存的方案，要么裁员，要么员工接受减薪。最终，管理层降薪30%，员工降薪15%。超过90%的员工支持这一方案，这便是阿诺德选择的道路。"

群 体 智 慧

"群体智慧"听起来更像是新时代的胡言乱语，而不是古希腊的哲学智慧。然而，"群体智慧"的概念可以追溯到很久以前。早在两千多年前，亚里士多德便发现一群人要比少数专家更有智慧。

1906 年，一位名叫弗朗西斯·高尔顿（Francis Galton）的研究员在一个普利茅斯国家展会上发现，近800人参加一场预估一头被宰杀的牛的重量的比赛。高尔顿发现，预估重量的平均值是 1 207 磅，其误差在 1% 以内。最近的一个例子是维基百科，许多人声称该网站大多是匿名贡献者而不值得信任，但事实证明并非如此。科学杂志《自然》称，这个开放的信息网站的准确性可以与古老的、备受尊敬的《大英百科全书》相比肩。

我们都熟悉群体智慧的概念，却很少意识到这一点。大多数人在生活中经常会加以践行，如我们在在线论坛或社交媒体上寻求支持时。然而，许多传统组织却忽视了这一点，它们甚至让高层做出大部分的决策。不幸的是，大部分的决策是基于公司的系统体制以及正式的相关报告，也就意味着高层决策制定者会经常错过其他相关信息。说起来的确有些丢脸，因为决策过程中忽略了那么多潜在的信息。

对豪夫 - 乌曼蒂斯而言，民主决策行之有效，早已成为一种常态。斯托费尔表示，这种集体决策过程有许多好处，"首先，它能让员工清楚地做出最重要的决策；其次，它确保所有人都知道关键事件。员工在做出判断之前会加以研究并提出质询，积极参与往往能够让他们接受任何结果。我们民主投票决定发展的方向，并自然而然地有动力确保决策发挥其作用。这是一个很好的实践，去检验管理层是否了解第一线的实际情况。"

第一次民主试验的成功鼓舞了豪夫 - 乌曼蒂斯，使其决定在 2012 年发起一个新的试验。阿诺德认为，自己不再是 CEO 的最佳人选。近年来，公司发展十分迅猛，他认为是时候让新鲜的力量掌舵了，一个具备不同领导素质的 CEO 或许会更加适合。经过深思熟虑之后，阿诺德决定辞职，他问了自己一个根本性的问题，与其自己简单地任命新任 CEO，为什么不能让员工选择自己的领导者呢？"我相信你已经猜到了，"斯托费尔笑着说，"阿诺德又召开了一次员工大会，这时公司大约已有 100 名员工，阿诺德与大家分享了他的想法。'这就是我们的现状，'他对员工们说，'让我们投票表决吧。'他们照做了。"

斯托费尔说："那时我以 95% 的选票成为豪夫 - 乌曼蒂斯公司第一位民主选举产生的 CEO。要我说，这成绩确实不错！然而，这番试验也对其他董事会成员产生了意想不到的结果。"斯托费尔说："他们希望董事会成员也通过民主方式选出。我追问他们是否确定，因为可能有些人会被投票淘汰。"董事会坚持他们的立场。"这是第一次领导层的大洗牌，尽管我早已警告过他们可能发生的后果。对一些人来说，这变成了痛苦的现实。其中，一位董事会成员遭到 100% 的员工反对票，那一定是非常痛苦的体验。"

很明显，不称职的领导者在豪夫 - 乌曼蒂斯是没有立足之地的。斯托费尔回忆说："当时气氛很紧张，一些前董事会成员需要花些时间来反思。但很欣慰的是，所有被淘汰的人要么选择继续留下，要么因其他原因离开，而且没有任何怨恨。"这些试验生动地展示了豪夫 - 乌曼蒂斯真正的民主本质，这个规模不大的公司使每个参与其中的人都能够有所体验。斯托费尔说："在过去 4 年半的时间里，我一直当选为 CEO，但在最近的一次选举中，我的选票率仅仅有 68%（CEO 资格为 66%）。因此下次选举会发生什么，我们也将拭目以待。"

全球各地的开创性实践

传统组织的重要特征之一是"中央集权"，这意味着一个人的决策能力取决于他在层级制度中的地位，但这种说法完全是无稽之谈。相反，改革者倾向于分散权力。"圣达菲号"的船员们以及民主的豪夫 - 乌曼蒂斯表明，决策权下放给整个组织会提高组织的生产力并做出更好的决策。

许多进步的组织不断地适应快速变化的工作环境。它们十分清楚，集中的决策过程会导致组织行动缓慢。这就是为什么它们时常依赖最接近第一线的员工和团队。这些员工直面客户、供应商与设备，最了解客户的需求和产品使用情况，因此必须赋予他们绝大部分的决策权。权力分散和决策建议是当下以及未来职场的趋势，但不要放松太快。决策权越大，责任越大。

那么我们应该如何开始呢？以下是许多行业先驱的方法。

第一级 梳理"决策"

团队成员可能不知道他们是否被允许做出某个决策。

领导者可能有时很难下放决策权，事实上，你只需要快速分析当下情况，踏出第一步，便可实现决策权的下放。他们分析了当下的情况，明确了是谁在做什么。如果你不把事情复杂化，一个早上就可以解决这些问题。不要担心那些概率很低的问题，只考虑一些基础的问题，剩下的便顺其自然了。

你们如何作为一个团队去做这件事？很简单：召集你的同事，明确谁做哪些决定，讨论其可行性。我们在许多进步的企业中看到这样的分工：

（1）小型决策：直接决定。改革者认为，哪怕是决策错误后的请求原谅，也比开始的请求许可要容易许多。

（2）中大型决策："建议流程"确保决策过程的可视化，便于每个人都清晰地了解决策流程当前的进度。防止造成进一步的混乱！

第二级 改变语言方式

"圣达菲号"上的马凯特改变了组织的语言，展现了组织向分散式决策迈出的强有力的一步。试着把被动语态换成主动语态和所有权语态。

管理者也可以改变他们的语言方式，他们应该提出问题，而不是给出答案。当员工请求许可或批准时，只需问"你的建议是什么？"。这是一个有效且简单的下放决策权的方法。

第三级 权力下放

一旦明确了谁做决策，就应该将权力分配给其下的整个指挥链。组织应确保员工找到互相制约的方法，避免"命令与控制"这种组织文化产生的有损公司利益的行为。你也可以遵循马凯特最佳实践的步骤（调整后）：

（1）和团队一同制定决策（见第一级）；

（2）团队成员确定自己想做的决策；

（3）领导者表达自己的担忧，如果他们觉得有些人不能或不该做出某些决策，这时可以说明原因；

（4）尽可能地共同减轻领导者的担忧，培训、教育或告知员工，以便他们能够做出决策，重点在于下放决策权。

要改变任何组织或系统的基因，第一步是尽可能多地下放控制权或决策权。然后再增加一点，这不是一个放权项目，而是关乎以一种持久的、个性化的方式改变组织控制决策的方式。

第四级 预先批准

英国培训机构 Happy 的 CEO 亨利·斯图尔特（Henry Stewart）向我们分享了一个有趣的想法：预先批准（Pre-Approval）。领导者或管理者在员工做出决策或找到解决方案之前，提前批准某事。批准只有一个条件：遵循限定范围。最高额度是多少？最低要求是什么？时间最长多久？这个过程允许员工自行决策，他们提出的任何方案都将付诸实施。

第五级 建议流程

这是一种最激进的决策权分配方式，是一种替代缓慢共识的方法。我们在许多组织中看到过建议流程的实践，大概是这样的：

（1）某员工主动解决问题或抓住机会；

（2）决策者向直接相关的人和／或更有决策经验的同事寻求建议；

（3）可以采纳或忽略建议，决策者拥有最终决定权；

（4）决策者确保所有相关人员都了解所收到的建议和最终决策。

这些步骤清楚地表明，这一过程不是为了达成共识。并非每个人都同意，不是每条建议都要考虑。决策者应该具备足够的建议来做出明智的决策。

第七章
信息公开：
从"隐晦保密"到
"彻底透明"

从最一开始，我们就一直想要敲开著名行业先驱里卡多·塞姆勒（Ricardo Semler）的大门。作为畅销书《塞氏企业传奇》（*Maverick: The Success Story Behind The World's Most Unusual Workplace*）的作者，塞姆勒是"企业叛逆者"最大的灵感来源之一，他也是 2015 年我们在巴塞罗那草拟"人生愿望清单"时脑海里蹦出的第一位企业家。有趣的是，写上塞姆勒的名字的确很简单，但安排与他的面对面访谈简直是难于登天。拜访谷歌和海尔的确不是容易的事，但与这位巴西企业家的会面，相当于约奥巴马喝咖啡一样难上加难。随后很长的一段时间，我们的各种技巧似乎毫无用处，但在2018年的夏天，奇迹出现了。我们兴致勃勃地前往美丽的圣保罗，租了一辆四驱车直奔塞氏公司。

我们的第一站是塞氏公司的一个工厂，位于大都市北部的一个小村庄里。这片区域曾经是雨林，显然城市扩张覆盖了这片土地。途经贫民窟、乡间小路和起伏的山丘，我们花了一个小时终于抵达工厂。我们查阅了这家工厂的许多相关资料，进入厂区后，很显然它没有让我们失望。随后，我们在一个色彩缤纷的休闲区受到了热烈的欢迎，有些员工躺在吊床上休息，没有墙壁的阻隔，可以看到树木葱郁的山坡。我们想要在这里探索塞姆勒畅销书出版30年来塞氏公司的发展，开心的是，我们遇到了故事的核心人物，包括塞氏公司前人力资源总监克洛维斯·博基凯安（Clovis Bojikian）等。当然，这一切要先从塞姆勒本人讲起。

我们在市中心的一家酒店见到了塞姆勒，开始逐步了解他如何将公司两次转变为世界上最先进的企业之一。"对我来说，这一切都始于1980年，当时我21岁，是一名法律系学生。我本没有打算接管父亲的公司，我有我的抱负，但当机会来临时，我决定抓住它。里卡多·塞姆勒的父亲安东尼·库尔特·塞姆勒（Antonio Curt Semler）是一名来自奥地利的移民工程师，他于1953年创办了这家公司。当塞姆勒接管的时候，公司的业务主要是生产出口的液压泵。此前安东尼实施传统的管理方式，且执掌期间，塞氏公司的运营或管理并无异常。公司层级制度森严，官僚主义盛行，对员工缺乏信任。"

"我刚接手公司时，我爸就告诉我：'我要离开公司两三个星期，我不在的时候，你可以做出任何改变。'我接受了这个挑战，列出了公司15位表现最好的经理，那天是星期五；我一一与他们约了谈话，周五下班的时候，一半的人被解雇了。"不幸的是，塞姆勒后来发现，其中有些人掌握了许多公司机密。"于是，我们花了很多时间寻找他们与客户之间的特殊交易，我们不得不深入研究档案资料。但是，我一刻也不后悔我的决定。我们去除那些故步自封、不透露一切的管理者。我不知道公司能不能存活下来，但必须放手一搏。"塞姆勒从不畏惧反复试错，这也是他终生探索的方式。

塞姆勒没有立即走上企业进取的道路。解雇狂潮之后的转变完全是由于"专业化（professionalising）"（小心这个词，虽然它听起来很合理，但其通常意味着控制、规定和官僚主义）。在最初的两年里，塞氏公司新增了几十个新程序，几乎每天都发明出新的表格。一遍又一遍地检查每一个细节，供应商在每次拜访后都必须上报，员工时不时碰到突击检查，上班必须携带身份证。这是一个错误的开始。

员工们对这种新的、专制的、独裁的管理方法深感怀疑，由此产生的糟糕气氛极大地打击了塞姆勒的信心。他意识到员工缺乏对工作的积极投入和参与感，经过3年组织的"专业化"转型，他也忍不了了。于是，他聘请了人力资源总监克洛维斯·博基凯安。就在此时，故事发生了转机。

拜访"小胡子"

在我们拜访塞姆勒的第二天，我们在圣保罗博基凯安的现代公寓里见到了他和他的妻子。一见面，我们就明白了博基凯安"小胡子"绰号的缘由，他留着一绺尼采都会羡慕的白色小胡子，而藏在引人注目的胡须后面的是一位善良的绅士。他邀请我们就座，第一句话便奠定了访谈的基调："你们以前交谈的管理者们非常杰出且极会鼓舞人心。现在，你们面对的是一个真实、接地气的人。"

博基凯安和塞姆勒在创建世界上最不寻常的工作场所

之一的过程中都扮演了关键角色：塞姆勒是极具远见卓识的老板；博基凯安则是务实的人力资源总监，他的工作就是把疯狂的想法和有争议的概念变成现实。怀着巨大的好奇心，我们开始了连珠炮似的提问。博基凯安开启了讲故事的模式，在来到塞氏公司之前，他尝试实践了许多不同的工作方式，结果也是喜忧参半。回忆整个过程对他来说似乎是非常愉悦的体验，我们便也十分投入地听了进去。

"当时我去塞氏公司面试的时候，一个年轻小伙子把我领到会议室，我以为他是塞氏公司的实习生。我坐下后，他还在继续说话，我才意识到他不是实习生，而是我的面试者，这个公司的主人。"他很快就打消了对塞姆勒年轻的疑虑，花了很多时间策划和思考如何更好地组织塞氏公司的工作。第二天他们又见面了，博基凯安正是在与塞姆勒的自由讨论中得到了这份工作，这让他又激动又投入，直到一周后才意识到自己压根没跟塞姆勒讨论过薪水。不过这个问题很快就得到解决，博基凯安开始有条不紊地开展工作。

博基凯安的加入促进了塞氏公司的关键转变。相比于塞姆勒的远见卓识和充沛精力，博基凯安为组织注入了丰富的经验和实用主义。他们一致认为，是时候摆脱事无巨细的控制和管理，组织应专注营造自由、信任和开放的工作氛围，以一种更自然、更富有同情心的方式运作。他们沟通交流得越频繁、越深入，就越清楚只有进行彻底的变革才能达到目的。而这一次没有固定的计划。

"我们遇到了一个难题，从 1984 年到 1985 年，我们收购了 4 家小公司，它们的积极性比我们自己还要低。"我们有 800 名员工，其中大部分是 5 家工厂的机器操作员。因此没过多久就找到了参与度和积极性之间的相关性。当时业界没有咨询顾问，也没有激进转型方法相关的书籍。"因此，唯一的出路是试验。转型的核心问题在于我们改善操作员的日常生活。我们无法给出一切问题的答案和解决方案，相反，我们希望操作员们亲自参与进来，与我们一起啃下这块硬骨头。"

第一个问题看起来似乎微不足道，其核心是巴西最著名的菜肴之一——巴西肉烧豆（Feijoada）。员工经常抱怨工厂食堂的伙食：豆子要么太硬，要么太软，怨声载道。就此 HR 需要寻找解决方案，"不管我们提出什么建议，总是会有人抱怨，所以我们不妨把问题踢给员工，'你们有什么建议？'当他们提出方案时，我们问：'这样可行吗？你们有没有和厨房工作人员讨论过？''没有。'于是我们让双方交换意见，修改后再次提出。'太好了！去做吧。对了，你们现在是食堂委员会了，我们每年都会举行选举。'

这招非常有效！当人们掌握了问题的主动权时，抱怨也就随之停止了。虽然豆子的软硬对我们来说可能不那么重要，但对员工而言确实意义重大。"这段插曲是我的一次学习经历，也是塞氏公司转型过程中的转折点。

第二个问题是关于公司制服。有些人不想要，大多数人想要但又无法决定款式或颜色。HR 再次成立了员工制服委员会，并发起广泛的问卷调查。问题一是"你想要制服吗？"大多数人投了赞成票；问题二是"你想要什么颜色？"没有明显的赢家。于是，委员会增加了一个步骤，选出了两种最受欢迎的颜色，进行了另一轮投票，结果显示 79%的人选择了石油蓝，色彩时髦且便于掩盖工作过程中的污渍。制服问题得以成功解决。"这件事情虽小但变革的意义重大，员工们自主做出决策，组织的信任度和责任感日益提升，人们变得开心起来。"

还有一个热门话题是年假。管理部门过去常常安排"调休日"——如果周四是法定节假日，那么公司会让员工周五也放假、周六上班，这是极其不受欢迎的调整。"让员工自行决定吧"，假期员工委员会由此建立。委员会制定了关于"节假日""调休日"以及"补偿日"的 6 年规划，这可能不会让所有人满意，然而一经实施，抱怨烟消云散。

接下来的问题是"员工手册"。管理层开始取消既定的烦琐程序、地位象征和特权。这确保了权力被成功转移到员工手中，变革开始于一些象征性的举措，比如禁止打卡、取消私人停车位。每一次小小的调整似乎都有效果，彼此信任感也随之增强。员工们惊讶于塞氏公司变成如此优秀的倾听者，而我们也得以解释进行变革的原因。我们告诉员工，我们想确保每个人都热爱自己的工作，做更好的生意，赚更多的钱。当员工们看到我们在分享我们的愿景时，他们也向我们提出建议。是时候迈出一大步，打造一个真正人性化的工作场所了。"

显然，层级制度的范式影响了动机，塞姆勒和博基凯安希望从面临类似情况的公司那里获得灵感。于是他们派出一名员工乔奥·文德拉明（Joao Vendramin），去寻找鼓舞人心的组织，乔奥也带着自己的"愿望清单"出发，先后访问了瑞典的沃尔沃、美国的戈尔公司、日本的丰田和京瓷。

乔奥由此得出结论，唯一的解决办法是拆除"金字塔"，并创建一个"团队网络"。员工应该了解自己的部门发生了什么以及他们如何做出贡献。工厂被分割成独立的单元，小到员工可以直呼其名。乔奥的计划被称为"阿米巴计划（Amoeba）"，以京瓷开创的管理模式命名。这一计划要求更小的独立单元"阿米巴"与"团队网络"结构保持一致，每个"阿米巴"至多有 50 名员工，独立运作，有些员工被迫搬迁到其他工厂。这些"阿米巴"仍设有管理人员，但可以根据团队喜好进行管理。总公司决定缩减 75% 的规模，人力资源和财务部门的员工只应要求提供支持。尽管代价高昂，塞姆勒和博基凯安还是硬着头皮走下去。他们的决策不是基于预测，而是基于直觉和信念。

万事俱备，只欠东风。时机已经成熟，下一步便是广泛进行传播。公司每周举行例会，会上不存在任何禁忌话题。他们谈论财务、新产品、招聘和解雇，等等，同时确保员工越来越多地参与到业务当中。博基凯安说道，"太不可思议了！员工开始参与企业运营的各种事务。他们的洞察力和参与度营造出一种团结的氛围。"工作的一天往往以一个简短的会议开始，白板上展示各单元的财务及整体情况，员工可自行判断自己的表现。塞姆勒的逻辑非常清晰："如果信息不完全公开，谁也不能指望任何人全面参与进来。"

"同时，我也很熟悉反对这种做法的各种声音。我被警告说，在经济景气的时候，员工会用这些数字表现要求加薪；在经济衰败的时候，他们会担心失业。或许，公司的机密也会因此被泄露给我们的竞争对手。这一切都是可能发生的，但开放、真实和坦诚的员工团队带来的好处超过了承担的风险。我们坚信，信息的'隐晦保密'会让企业失去团结。"

把员工蒙在鼓里，他们往往会做出最坏的打算。当涉及财务问题时，流言蜚语十分普遍。真相并不总是令人愉悦或易于解释，但诚实和开放是至关重要的。塞氏公司的每位员工都可以收到部门的月度资产负债表、损益表和现金流量表，一旦他们接受了基本的财务培训，便会了解这些信息。

变革过程道阻且长。"我们决定改变人事部评估流程，取消上级评估下级，让员工评估管理。"员工每年有两次机会通过全面且匿名的问卷提供反馈，给每个领导者进行 $0 \sim 100$ 分的打分评估，这让领导者能够更好地知道自己在员工心中的地位。成绩不好的领导者不会被自动解雇，但会有晋升的压力。"最重要的发现是，组织明显的改善始于团队的沟通对话。"

下一步是显而易见的。如果员工可以评估他们的管理者，为什么不能直接自主选择呢？改变便自然而然地发生了。"每当我们取得进展，我们便会想到一个新的试验。我们想要寻找更多的方法来让我们的员工开心，加强业务发展。"

那么，是时候进行更多的实验了。团队可以自由装饰他们的工作场所，造就了五彩斑斓的工厂。员工设定了自己的目标，与管理层强加的目标相比，这些目标更具野心，但也更有可能实现。弹性工作时间成为常态。在我们的访问中，这座小工厂的一名工人拉斐尔有一天到得很晚，询问后得知他需要送孩子上学。"塞氏公司最好的一点就是你可以自由地做你认为应该做的事情。我并没有感到内疚，因为我会赶上进度，我不会抛弃我的团队。"

博基凯安继续说道："我们也改变了招聘政策，雇佣与否不再由人力资源部门决定，而是由团队负责。这不仅确保了更好的选择，而且更努力地让新同事适应团队。他们不能再把矛头指向 HR。但我们想要更大胆一点，实现薪资透明化，甚至到后面员工可以自主设定薪酬。"

不 忘 初 心

访谈过程中，一个至关重要的问题仍未得到解答：塞氏公司最初的梦想变成了什么？早在 20 世纪八九十年代，塞氏公司便开启了变革，从那时起，学者、仰慕者、咨询顾问和记者等就开始广泛分享这个充满异国情调的工作场所的故事。然而，目前大多数关于塞氏公司的报告都产生于 20 世纪末，当我们开始寻找更多最近的相关资料时，我们一无所获。塞氏公司过去 20 年发生了什么？传说还在延续吗？还在以同样的方式运行吗？还是说什么也没有留下所以才异常安静？

我们把这个问题交给塞姆勒。"在鼎盛时期，塞氏公司及其合资企业有近 5 000 名员工。我们已经向世界证明了这种民主方法是好的，事实上比好更好。因此，我觉得是时候换个方向努力了。在一个不同的环境下，类似的运作方式能否发挥作用呢？"

"因此，基于同样的原则，我成立了一家咨询公司、一家酒店和一所学校。我们必须从根本上改变原有的落后体系，改变我们抚养和教育孩子的方式。如果我们从头开始，其影响将是难以想象的。"

在 21 世纪，塞姆勒慢慢地卖掉了他的股份，但出于情感方面的原因，他保留了我们参观的这家工厂，他的父亲在此白手起家。这家工厂现在有 50 名员工，相比之下，其他公司的工厂大约能达到 200 名，但这并没有削弱塞氏公司鼓舞人心的故事。我们的长途跋涉是值得的，只是为了能够听到博基凯安、塞姆勒及员工们的故事，并参观了这一开创性的工厂，足矣。

结束塞氏公司的访谈之后，我们驱车到达海岸，乘船前往 Ilhabela（葡萄牙语中意为"美丽的岛屿"）。我们享受着沿途阳光，浓郁的 Caipirinha 鸡尾酒，充斥着 Bossa

Nova 音乐的夜晚，好不欢欣。我们待了几天，把我们的经历写到博客上。我们思考了一个重要的问题：在这样一个不受控制的环境中，如何避免混乱？许多人听到先进的工作场所的故事，以为这是一张通往混乱、无序和骚动的单程票。的确，一些公司采取了先进的举措，但最终未能提升员工的参与度，激发员工的敬业精神。这通常是因为它们忽视了关键的方面。

"隐晦保密"可能是最大的敌人。员工们对组织的运作方式和策略一无所知，与领导之间唯一真正的沟通是通过企业官方宣传。所有的这些导致了信息不对称，进而产生了各种各样的负面影响。

"隐晦保密"造成了组织的不信任、无知、流言蜚语和糟糕的业绩表现。作为员工，当我们不知道自己努力的结果时，怎么能参与其中呢？我们怎么能相信那些掩盖真相的领导者呢？当我们没有掌握必要信息的权限时，又能做什么决策呢？在这一系列的情境之下，我们很少有机会做出合理的决策，回想一下"无知的冰山"。

"彻底透明"是至关重要的。我们已经在塞氏公司和许多其他组织看到，随着信任的增加、参与度的提高，人们会做出更好的决策。所有的关键信息都应该公开。我们在巴西享受着假期的一缕阳光，期待着下一次的旅行。我们清单里的公司在许多方面与塞氏公司不同，组织变革不一定意味着像塞氏公司这般进行彻底的重塑或放弃一切传统的管理方式，但我们坚信两者之间一定会有相似之处。

是时候回伦敦了。

一个安全的"赌场"

在英国一个异常晴朗的日子里，我们穿过伦敦，来到了塔桥附近的圣凯瑟琳码头。映入眼帘的是一幅令人愉悦的景象：帆船和小型游艇在阳光斑驳的水面上漂浮着。过去的造船厂成为豪华公寓和办公室的集聚地，其中包括博彩交易所 Smarkets 的总部。我们对这家公司的期待很高：Smarkets 是少数几个实现自我管理团队、彻底透明和自主设定薪酬常态化的组织之一。我们迫不及待地想了解更多。

Smarkets 于 2008 年由杰森·特罗斯特（Jason Trost）创立，在英国、美国和马耳他都设有办事处，120 名员工中大多人在伦敦。Smarkets 不提供赌场、扑克或宾果游戏，通过点对点交易（Peer-to-Peer Exchange，P2P）进行事件投注，人们可以对结果下注。2017 年，Smarkets 在《星期日泰晤士报》（*The Sunday Times*）评选的"科技 100 强榜单"

（Tech Track 100）[1] 中名列第二。

我们受到首席沟通官赛琳·克劳福德（Celine Crawford）的欢迎，她带我们参观了现代化的办公室，游戏室、免费午餐供应区层出不穷。参观过大大小小、层出不穷的先进组织之后，我们对如此典型的开放氛围有些免疫。办公室的表面功夫，如桌上足球、豆袋坐垫、吧台和免费食物，并不能保证成为一个开放的工作场所。伪改革者可以实现这些，却不能解决任何真正的问题，如领导力、层级制度、缺乏自由和信任，等等。我们来伦敦是为了寻找真正的先进组织，也很好奇能否找到。我们见到了各种各样的员工：软件工程师、厨师、沟通官以及 CEO 杰森·特罗斯特。我们问起了特罗斯特的灵感来源。

"我想挑战现状，不仅是行业的现有趋势，还有企业的运营模式。维尔福集团（Valve）和 Zappos[2] 这样的行业先驱给了我很大的动力，我也很喜欢弗雷德里克·莱卢（Frederic

---

① 译者注：Tech Track 100 是每年由 Fast Track 机构受《星期日泰晤士报》之托，根据过去三年的销售增长评选出的全英国 100 家发展最快的私人科技企业名单，每年 9 月刊登于《星期日泰晤士报》。

② 译者注：二者皆为行业内的进步企业。Valve 是 Valve Corporation（维尔福集团）的简称，1996 年成立于华盛顿州西雅图市，是一家专门开发电子游戏的公司，代表作有《半条命》《反恐精英》《求生之路》《刀塔 2》《军团要塞》等；Zappos 是一家美国卖鞋的 B2C 网站，自 1999 年开站来，已成长为网上卖鞋的大网站，鞋类领域超过了 Amazon。

Laloux）的《重塑组织》（*Reinventing Organizations*）。基于这种另类的工作场所观点，我们开始发起试验。"Smarkets采用了与塞氏公司如出一辙的连续"试验适应"方法，目前已经发展成一个践行本书"八大趋势"中诸多趋势的组织。其员工（65% 是工程师）在自我管理的团队中工作，每个团队都有自己的职能重点：后端开发、财务、人力资源及领导团队等。团队一般由 5~8 人组成，小到可以快速行动，每个人都知道谁在做什么；当然也足够大，以提供技能的多样性及同行学习。组织为员工提供免费咨询，分享和处理专业或个人问题；并且鼓励同事间的互相评估和反馈，鼓励员工参与相关培训来提高他们的沟通技巧。每个团队决定工作的方式，具有很大程度的自主权。

有些团队以民主的方式选出他们的领导，有些团队轮流担任领导，还有一些团队是无领导的。这是真正的先进组织的共有特征，没有固定的工作方式，职能部门也没有固定的实践要求。组织在不断发展，不幸的是，自主性经常被忽视。其中的一个陷阱是，有些会采纳固定的、现成的解决方案，如敏捷（Scrum）、合弄制（Holacracy）等；有些则从 Spotify 等先进组织复制粘贴其运作模式，强迫自己的团队完全按照新兴的方式工作，却忘记了团队成立时所基于的原则。虽然意图可能是好的，但结果往往是沦为自上而下的决策，员工拥有更少的自由。真正的先进组织与员工共享自治权，其创造的工作场所不仅仅是花哨的理想外衣。

在与 Smarket 的许多员工交谈后，我们了解到他们每周的例会。会议上，团队之间相互协调，很多人也因此从一个团队换到另一个团队，增加了组织透明度，防止了筒仓[①]的形成。在公司内部，员工使用一种名为 Slack 的团队协作工具进行透明高效的沟通，公司的财务信息无条件对员工实时公开。

亚力克斯·弗莱亚斯（Alex Tsoflias）解释了组织透明度的价值："像 Smarkets 的其他人一样，我可以了解组织的财务状况和目标，查看所有的工资信息。"CEO 特罗斯特补充道："我们定期举行公司大会，讨论最重要的进展，或许我们最受益的是问答环节。"

"员工可以事先提出问题，可以根据谈论的话题选择匿名与否。"正如在 UKTV 一样，员工不会仅仅围绕棘手的问题，也会提出许多常规琐事。组织并不会特殊对待，这些问题都得到了妥善的解决。"最重要的是，人们可以自由地提出任何问题。刚入职的员工开始可能比较保守，

---

① 企业筒仓结构是指企业内部以部门划分职责，虽然同一个公司，但不同部门之间就像独立的筒仓，缺少交流、共享信息甚至合作。

但当他们看到实际的会议过程，以及同事是如何提出的时，他们更容易参与进来。"

赛琳讨论了组织开放的另一个方面。"在我职业生涯的早期，我们会把时间浪费在猜测其他同事的工资和奖金上，更别说是流言蜚语了。这就是为什么我们想到要公开每位员工的薪酬。我们首先与员工们交谈，可以理解的是，他们对此持怀疑态度。于是，我们成立了一个委员会来决定最好的推进方式，会议非常激烈，因为从来没有人经历过这种情况，之后我们便又进行了一轮评估。"

许多组织改革者已经实施了这项政策。对我们来说，这是一个强有力的因素，这迫使人们考虑职场的公平性。如果员工认为工资是不公平的，那么当它们被披露时就会出现问题，而隐瞒薪酬正是问题存在的迹象。当 Smarkets 在其内部 Wiki 上公开工资和薪酬待遇时，有些员工感到不舒服。但是没过多久，这些感觉消失了，新的系统成为组织文化的一部分。一开始，员工想对比下自己与别人的工资薪酬，但当他们清楚地知道分配很公平的时候，也就懒得再去关心别人的情况了。Smarkets 的情况略有不同，因为它已经迈入变革的下一步——每个人都有权决定自己的薪水。

那么，具体是如何做到的呢？如何让员工自主决定，却也能避免他们给自己开 CEO 般的报酬呢？答案还是信任和透明。在 Smarkets，每个人都可以提出加薪的"商业案例"，报告数据包括员工的绩效、市场利率以及同行反应，由同事组成的薪资委员会对此进行评估并给出反馈。在那之后，由员工个人决定并公布拟议的工资，任何有问题或建议的人都可以提供反馈。如果他们不能解决分歧，便开始采取冲突解决方案。

许多组织改革者采用这样的方法来解决冲突：

（1）与有冲突的员工进行交谈；

（2）仍然无法解决，寻找双方信任的调解员；

（3）仍然无法解决，寻找双方信任的一组调解员；

（4）仍然无法解决，指定仲裁员（通常为 CEO）强制提出解决方案。当然，这也不经常发生。

那么，Smarkets 如何避免荒谬的高要求呢？赛琳说道，"这很简单。首先，我们信任我们的同事。其次，成立薪资委员会，它为员工提供建议和反馈，也可以施加压力。如果你不理会委员会的建议，我们便会公开你发起的新工资。到这一步，问题一般就能得解决，员工也不再要求荒谬的高薪了。"

"自定薪酬"渐渐流行起来。Smarkets 采用薪酬委员会的"商业案例方法"来提供建议，当然还有其他方法，比如有些组织提前设有薪酬基金进行员工的工资分配。同样，这是一个决定什么最有效的问题。

在与 CEO 特罗斯特的最后一次访谈中，我们又请他详细说说他的经验。"尽你所能敞开心扉，开放与透明，这是一个永无止境的挑战。不仅对作为 CEO 的我来说是如此，对我们的员工也是如此。员工之间很难面对彼此或进行棘手的对话，我们努力在给予反馈的过程中培训这一点。这可能需要花些时间。"

"对我们而言，这是一次探索之旅：现在有效的方法未来不一定也会奏效。"的确如此，应对不断的变化、为员工提供成长的机会始终是我们要面临的挑战。但更重要的是对教条的厌恶，不再按部就班地遵循管理书籍上学习到的固定工作方式。Trost 总结得很好："我希望 Smarkets 成为一家伟大的公司。我不想墨守成规，我想做此时此刻正确的事情。"

透明度和快乐

研究表明，组织透明度的增加会直接提高员工积极性，其开放自由也与员工的快乐密切相关。当人们了解自己和他人的表现结果时，他们会工作得更好。

工资透明度对许多人来说是令人不安的，但也被证明对性别平权有着积极的影响。研究表明，当工资透明化时，男性和女性的工资差异会大幅下降。如果每个人都看到了系统的不公平性，就会有人要求纠正，但许多人仍然不敢迈出这一步。最近一项调查研究发现，70 000员工中64%的受访者认为自己的工资过低，尽管他们都按照行业标准获得了应有的薪酬。有些员工不平衡的感觉十分强，导致他们甚至想要辞职。工资保密会使员工产生不公正的感觉。

全球各地的开创性实践

"彻底透明"是先进组织的重要特征之一。员工会对工作更加投入，表现更好，对领导有更多的信任和信心。有些组织对"彻底透明"望而却步，但这可以通过以下多种方式实现。

第一级 开放沟通

每个人都应该参与到决策过程中，常用的方法是举行简短的每日例会，让团队成员分享他们正在做的工作，并指出他们需要帮助的地方。定期的承诺会议可以让团队讨论接下来一周的任务和规划。另外，社交媒体也可以提供另外一种沟通渠道。一些组织利用现成的软件如 Slack、Facebook Workplace、Microsoft Teams 或 Yammer 等与员工进行开诚布公的沟通。

领导者也应该是与员工沟通的沟通者，召开的公司大会可以从透明的问答环节中受益良多，比如 UKTV 的"黑匣子"。

第二级 将"开放"融入组织文化

许多先进组织公开内部的所有信息，除非有很好的理由不公开。"默认开放"的策略确保了尽可能多的员工能够访问相关信息，带来更好的决策和更高的参与度。还有一些技术解决方案，比如谷歌 Drive 和 Microsoft Onedrive。

第三级 透明的绩效和目标

先进组织确保团队与团队之间、员工与员工之间能够将自己的表现与他人进行比较，树立健康的竞争意识。在博组客，团队使用这种方法来改善其提供护理服务的方式。透明度不应仅仅局限于财务指标和业绩数据，还应确保更多透明化的信息，激励员工实现更高的目标。回想一下巴塔哥尼亚和东尼先生的寂寞巧克力，它们在实现目标的过程中进行透明公开的交流。

第四级 开卷管理（账目公开管理）

在金爵曼，我们了解到一种强大的工作模式：财务透明化。我们在那儿的餐厅里参加了每周一次的开卷管理会议，餐厅开业前两个小时，30名员工讨论上一周的结果，话题涉及收入、成本以及客户满意度，每个人都在全神贯注地表达自己的观点。厨房搬运工坐在椅子上，他接下了话茬并分享了自己的感受。"在之前的其他工作中，老板仅仅要求我完成琐碎的日常工作，但在这里，我可以进行前所未有的思考。我们都在努力经营餐厅，我也可以为餐厅做出自己的贡献。"对员工而言，培养他们的财务知识非常重要，能够帮助他们更好地理解财务数据。如果是有进取心的员工，他们必须知道企业是如何运作的，包括财务方面。如果没有足够的知识，透明度也就没有多大意义了。

第五级 薪资透明化

许多先进组织将透明度提升到这一水平，它们想要毫无保留。起初实行薪资透明化时，员工会有些兴奋，他们往往出于好奇而互相打听对方的薪水，而这种情况持续的时间比想象中的要短。如果薪酬公平且合理，组织一切如常。澳大利亚的行业先驱肯·埃弗雷特（Ken Everett）在N2N便有所体验，"一旦谜团被解开，好奇心也会随之消散。"

当薪资透明了，如果员工觉得不公平，会发生什么呢？哈！一个解决问题、培养信任和信守承诺的好机会出现了。要知道一件事，不要以为薪资保密的时候员工不会有不公平的感觉，他们也会相互猜忌，可能更甚。那么，组织应该如何实现开放透明呢？有些组织足够大胆，它们公开所有的信息，看看会发生什么。有些组织则会邀请员工透露他们的薪资，如果员工公开了自己的，那么就有权利看到其他人的。从一小群人开始，伴随着的是一大批人参与进来。

第八章
人才招募：
从"职位描述"到
"人才和技能"

我们周游世界，拜访了许多鼓舞人心的组织，与拒绝随波逐流的 CEO、员工、学者和企业家深度交谈，一个一个地在"人生愿望清单"上打钩，享受获取知识、加深理解的乐趣。有趣的是，我们发现一些最进步的组织就在家附近。

多年以来，有一家公司一直在用实践证明，彻底不同的工作方式不仅是可行的，而且会带来令人印象深刻的结果，它就是荷兰健康护理公司博组客（Buurtzorg）。我们有幸与博组客各层级的关键人物会面，并与自公司建立之初就待在这儿的员工进行定期的交流，如创始人乔斯•德•布洛克（Jos de Blok）、阿德•莱菲林克（Ard Leferink）和教练吉特•范•罗塞尔（Gertje van Roessel）。同时，我们也采访了一线工作者：负责日常进行社区照护的地区护士。

博组客是荷兰最大的居家照护服务公司之一，拥有优秀的员工和极高的客户满意度，很大一部分原因是博组客始终坚持为各家各户提供最好的家护服务，且不依托行政的管理结构。几十年来，乔斯和博组客日渐征服了全世界。

如今，乔斯经常受邀分享他的愿景，广泛的公开露面也收获了各种各样的绰号，从"护理先知""居家照护的大祭司"到"极简之王"，他被形容为"理应管理荷兰"的"时代最重要的思想家之一"。乔斯十分欣赏这些赞誉，却不曾因此而自负。因为对他来说，一切的成功基于"简单"，而非天才。他在与我们交流时，经常会提到"简单一点"和"常态即可"等类似的话，他认为自己最应该被称为"一个普通人"，而不是皇室或牧师。每次我们见到他时，他总是穿着一身黑色衣服，谦逊十足。除了鬓角有点灰，给人的印象就是黑色、黑色、黑色。他不会西装革履，只穿舒适的黑色牛仔裤、黑色衬衫、黑色皮夹克，甚至连手表也是黑色的。柔和的声音和轻快的泽兰口音，很快就让大家放松了下来。

他的话所传递的信息本质是一致的，经常提到的话便是"把事情变得更复杂很容易，但把事情变得更简单却很难""事情既然可以很简单，为什么要复杂化呢？"。我们个人最喜欢的话有"我对管理方面的讲话、协议和政策规划过敏""管理就是无稽之谈"。

"你必须让员工踏踏实实工作，充分发挥自己的才能。"乔斯一直在与任何愿意倾听的人分享他的智慧和口头禅。在多次谈话中，他向我们讲述了他的博组客故事。故事始于 2006 年，"我是一个大型传统医疗机构的主任，从地区护士做起，慢慢地爬到了顶层，但我从未忘记我在一线学到的东西。作为创新主管，我必须发起诸多变革来促进组织的发展。在此期间，我提出了'降低管理层的监管负担'以及'引入自我管理团队'的倡议，却统统被否决。我面临着重重阻力，其他高管因而也不想与我有任何关系。这耗尽了我的精力。"

乔斯知道事情明明可以更简单一些，便沮丧地辞职了。不久后，他便与妻子刚妮一同建立了博组客，愤怒和挫败感激励着他们。他回忆道："我们已经受够了管理层决定员工的工作，我相信真正的专业人士是懂得何时以及如何运用自身的能力。"这种信念也正是博组客背后的理论依据和基本哲学。乔斯、刚妮和另外两名护士组成了恩斯赫德市的第一支医疗团队，这一概念很快便流传开来，吸引了大批护士申请，他们几乎所有人都对缺乏人情味和官僚主义的传统医疗机构倍感失望。

博组客成立仅14年，已拥有1.5万名护士，遍布荷兰各地。公司由超过1 000个12名左右的护士自组织团队构成，每个团队拥有属于自己的片区。小型团队是自组织的，它们有自己的计划，自主雇佣同事。没有管理人员、没有不必要的规则，也没有人力资源或营销部门，正是这些特点构成了博组客。博组客采用的规则极少，没有晋升的政策，没有复杂的头衔，也没有冗长的工作描述。

在传统的组织中，员工应该严格遵守规则，并能够适应新的政策。它们认为，员工职业发展就像几十年前一样，遵循一种可预测的线性方式，沿着等级制度向上爬，直到上升到员工所不能胜任的地位。为了成就一份真正的事业，你不得不爬梯子。你擅长销售吗？去当销售管理人员吧。有卓越的开发技能？去给软件开发人员发号施令吧。精通护理？去管理护士吧。尽管这讲不通，但这是传统组织的默认晋升路径。企业让员工脱离擅长的环境中，赋予了一个忽视他们才华、技能和激情的管理角色，降低了动机与工作投入，员工和企业都成了这种荒谬观点的受害者。

令人尴尬的情形之一是工作职称的泛滥。打开手机，快速浏览一下你的领英，你会看到一个疯狂的职称集合，从些许自负的"首席××官"，到一些流行但无实际意义的头衔，如只有一位员工的企业 CEO。在我们的旅程中，我们看到全球各地的改革者打破了这些荒谬的传统，博组客就是一个很好的例子。他们不再注重固定的职位描述，而是专注发展员工的技能。他们意识到，当才能得到充分的挖掘和利用时，每个人都会从中受益。员工被鼓励挖掘并运用自身的天赋，并发展和培养成为可持续性的技能。这并非隐藏或改正缺点，而是在现有优势的基础上自然发展和壮大。发现你的优势，以及你喜欢的工作，将其变成你自己的事业。当然，这道理听起来显而易见，但鲜有组织能够采用这一哲学。

先进企业不断地在探寻利用其可支配财富的方法，这不足为奇。研究表明，如果员工能够持续发挥自己的优势，那么他们辞职的可能性会降低 15%；而当他们真正释放自己的才能时，工作效率会相应提高 8%。因此，先进企业便充分地利用了这一点，方法之一是工作形塑，即把员工当前的角色转变为让自己更满意的角色。研究表明，工作形塑可以提高工作投入度和满意度，减少疲劳。先进企业以员工为中心的价值观再次从中得到印证。

让我们回到博组客，看看它们是如何将其付诸实践的。一切都是为了简单化。博组客只有一个 50 人的小办公室，此外还有 20 名教练作为团队支持。组织几乎没有任何监督，其目的是尽可能少地召开会议。乔斯说道，"在博组客，我们没有人为的等级制度，所有的决策都是协商后做出的。如果我们不能最有效地利用我们的人才，那就是一种巨大的浪费。我们的专业人员会每天提出许多新的想法，可悲的是，在传统的工作场所，他们很少被认真对待，人们就是不听。但在博组客，情况截然不同。"在我们与护士的交谈中，简单化的理念一次又一次地被提起，"我们的目标是简化程序、规则，实现更好的交流，以提供尽可能好的护理服务，而在无关的事情上花尽可能少的时间和精力。"此外，各个团队独立工作。当然，他们可以随时联系教练和总部寻求帮助，但最后，他们要承担全部责任。

博组客的第一位教练吉特·范·罗塞尔分享了她的指导愿景。"所有的活动都是为了提供高质量的护理服务，明确地划分哪些任务由团队成员执行，哪些由教练和总部办公室工作人员承担。其中，大多数是由团队执行，团队成员自行决定工作方法，最重要的是决定如何最好地提供高质量的护理服务。"除此之外，确保任务的顺利运行都由团队负责。吉特说道，"人力资源方面的任务，如招聘和解雇、绩效评估、面试反馈和员工入职等，以及许多更加常规性的活动，如租用办公空间、业绩检查、财务、日程计划和获取新客户，等等，所有的这些都由团队成员自行组织完成。"

在大多数的传统组织中，这些任务都由专门的部门负责。在博组客，只有某些行政、法律和财务的工作由总部执行。吉特说，"如果必要的话，行政工作很容易被团队接手。"IT 系统起着至关重要的作用，它能够实时检测用户的结果、时长、满意度和特定的护理需求，以及工作量和假期等等。所有这些信息都会对照公司的平均水平进行审查，每个团队都有权限查看所有数据。这并不是为了加剧竞争，而是为了使团队之间更好地交流，并提供必要的支持和见解。团队内部以及团队之间的沟通都是在本地进行控制的，这类任务通常是由管理者执行。

护理团队需要做什么以及由谁负责，这些决策不是由职位描述决定的，而是由能力决定的。吉特解释道，"每个团队成员都对自己的角色有一个清晰的描述，每个角色中都包含多个任务。"

为了更好地理解这些原则，我们访问了荷兰的一个小镇 Burgh-Haamstede。当组织摒弃"职位描述"而只关注人才和能力的时候会是什么样子？抵达办公室之后，内尔和帕特丽夏护士给予了我们热烈的欢迎。小办公室遵循"简单性和功能性"的指导原则，毫不奢华，倒显得有些局促。但护士们根本不在乎，他们被更重要的事情所激励。当他们谈论到如何管理社区客户的时候，谈吐飞扬间尽显澎湃激情。他们讲述了博组客如何将他们从官僚主义的桎梏中解放出来，"我们终于觉得自己对这一切有了控制权，让我们能够最好地发挥自己的才能、培训和经验。我们可以做自己相信的事情，而不再需要去应付令人沮丧的官僚主义。"

内尔和帕特丽夏护士列出了7个角色：

（1）护士；

（2）管理员；

（3）报告员；

（4）开发人员；

（5）规划人员；

（6）团队人员；

（7）导师。

护士的作用是不言而喻的，管理员负责办公室事务，报告员监督团队的工作效率，开发人员确保信息的共享和充分的交流；规划人员的职责是调度；团队人员负责维护良好的人际关系，并敢于挑战现状。他们可能会问同事"我们为什么要这样做？""我们面临的最大挑战是什么？"等问题。最后，导师负责介绍新的团队成员，办理入职并进行培训。

每个团队成员都必须履行护士的职责，另外 6 个角色则根据员工的兴趣和才能进行分配。没有固定的要求，角色不会经常轮换。吉特说，"我们建议每 6 ～ 9 个月更换一次，让团队成员体验到不同职责，并引起对他人的尊重。"护士们常常发现，这些不同的角色也丰富了他们的工作与生活。博组客使员工开发他们潜在的才能，不再局限于固定的职位描述，致力于为员工创造更大的利益。

邻软性（nearsoftian）原则

在墨西哥，还有一家藐视传统规则的公司邻软（Nearsoft），它为员工提供了施展才能的自由。邻软成立于 2007 年，其 300 名员工皆为软件开发人员，他们位于埃莫西约、奇瓦瓦、圣路易斯波托西、梅里达和墨西哥城等地，为美国公司提供远程支持。当我们与联合创始人马特·佩雷兹（Matt Perez）坐下来交谈时，他聊到了自己的初衷。

"我们想创建一家适合所有人的公司，尽管初衷是好的，但我们不知道是否会奏效。幸运的是，我们找到了完美的灵感：里卡多·塞姆勒和海盗。"海盗！？马特急忙解释道，"塞姆勒和海盗有着惊人的相似之处，当然不是眼罩和鹦鹉，而是他们的工作理念。你知道海盗船上的每一个决策都是民主做出的吗？海盗守则是由所有船员起草的。"

改革者和海盗船之间还有许多其他惊人的相似之处。亚历克斯·克雷（Alex Clay）和凯拉·玛雅·菲利普斯（Kyra Maya Phillips）就这一问题合著了一本名为《另类经济》（*The Misfit Economy*）的书。海盗成为海盗之前通常是商船船员，他们几乎没有发言权，没有投票权，没有所有权，他们的想法几乎无人倾听。船长的职责是照顾船东的利益，有时甚至会通过暴力来维持纪律，这引起了极大的不满，最终商船船员推翻了这个系统。讽刺的是，挂着海盗旗的船却重视民主、平等和共享所有权。

海盗船长和军需官由民主选举产生，所有人共同制定章程，决定这艘船的运行方式。战利品虽说保证不了平均分配，但至少是十分公平的。船长和军需官分得稍多一些，通常是其他人的 1.5～2 倍。与现代公司的 CEO 相比，后者的收入往往是普通员工的数百倍。因此即便在海盗船上有些差距，但有其可取之处。船长只有在战斗时拥有绝对的决策权；在和平时期，人人都有发言权。船长可以且经常被替换。

我们开始理解马特·佩雷兹的灵感来源。

但是，这在邻软是如何体现的呢？我们采访了几位员工，发现这家公司不存在等级制度，甚至连一个固定的管理团队都没有。所有的"邻软人"每五年会共同确定一个长期目标，金伯利·兰蒂斯（Kimberley Lantis）就是其中之一。她告诉我们，她的"老板"不是一个人，而是一个共同的目标。"成功取决于对共同愿景的反应和期待，每个行动和举措都必须使我们更接近这一愿景。"邻软人也有共同的价值观作为指导方针，但也会实时变化和调整。工作方式由全体员工共同决定，有助于激发每个人最好的一面。

无论是自动售货机里咖啡的品质，还是改进过的利润分享公式，任何事情都可以进行讨论。员工可以公开呼吁，宣布他们想要改变的事情，并欢迎其他人加入、为之做出贡献。由此形成的领导团队，可能会寻求组织外部的建议或求助于组织内部的专家。问题越复杂，造成的影响越大，覆盖人群就越广，更多的员工就可以参与进来。当然，选择咖啡会比设计利润分享公式容易得多，或者也不是……但底线是组织里的决策不依靠传统的规则和智慧，而更应该依赖于员工的常识。

一个决策诞生后，将会被传达和执行。这能保证员工快乐吗？"不一定，"金伯利说，"但我们的目标不是取悦所有人。总有不快乐的人，但他们可以做出改变，或是让别人听到他们的声音，自由提出建议。"成员可以根据自己的兴趣加入侧重点不同的领导团队，如入职流程、新的利润分享计划，等等。员工可以成立一个小组或加入一个现有的小组。有些员工会专注于类似的主题，发展一种专长；有些员工的兴趣广泛，发展为通才。

此外，邻软还有其他招募和培养人才的独特方式。在公司内部，没有具体的职位描述。以马特·佩雷兹为例，他只是名义上和外人眼中的 CEO，但他并不比其他人拥有更多的个人权力，CEO 的头衔只是为了更方便地与传统的公司沟通。公司还有一个为期 6 周的入职培训计划，在此期间，新员工将了解企业文化，了解组织的工作方式，并提供相应的反馈。除此之外，一年两次的团队建设周使员工可以自由分享想法，一起工作、放松。在财务团队的支持下，每个人都可以自由决定培训预算及支出方式。

这种方法已被证明是有效的。邻软在"最佳工作场所"榜单中名列前茅，被评为"墨西哥程序员的最佳工作场所"，同时也被 WorldBlu 认证为以自由为中心的公司。

全球各地的开创性实践

抱负远大的改革者如何在这一切的基础上进一步发展？我们已经看到了博组客和邻软的杰出案例，见证了管理者在组织中强烈关注"人才和技能"的实际应用和结果。以下是我们一路走来总结出的 5 个最佳实践。

第一级 识别人才

许多人通过简单的问卷调查来寻找人才并共享结果，你可以在网络上找到问卷的模板。问卷调查也可以确定人才差距，有助于对当前的任务分配进行反思和深入了解。

第二级 通过工作结合实现工作形塑

如果你不喜欢目前的工作，你仍然有许多其他的可能性。你可以辞职，寻找新的工作；或者停止抱怨继续忍受。于是就有一种替代方案，叫作"工作形塑"。在文献中，"工作形塑"常被定义为"员工自我发起的改变行为，目的是使工作与其喜好、动机和激情保持一致"。

"工作形塑"是为了喜欢上原本乏味枯燥的工作，不仅仅是为了有趣。研究表明，它可以提高员工的参与度和工作满意度，减少倦怠感。以下是关于如何进行'工作形塑'的方法，而这个过程建立在团队成员自身的才能之上。

（1）创建一个任务清单。创建一个团队需要执行的所有任务的清单，将所有内容记录在便笺上，并在办公室内展示。

（2）将任务归类合并成具体的角色。作为一个团队，你要从相似或密切相关的工作任务中发展具体的角色或职位。例如，撰写社交媒体帖子、发送新闻简报和发布博客可以合并为营销角色，预测和开具发票等活动可合并为财务角色。

（3）选择你的角色。让团队成员选择吸引他们的角色，忘掉职位描述，不强求他们的选择。决策应基于员工的内在动机，正确适时了解每个人的才能是至关重要的。

（4）不要忘记不受欢迎的角色。你怎么处理那些不受欢迎的工作任务呢？有一个不错的解决方案：摆脱它们！停止分配这些角色。当你这样做时，可能会发生以下情况：

①情景1，没有什么坏事发生。团队的表现十分稳定甚至有所提高，你的团队仍会表现出色。毕竟，这些任务没那么重要。②情景2，问题出现了，这也就证明了这些角色的重要性。解决办法是什么？开始寻找替代品。下一个阶段优先招募这些角色，选择真正喜欢这个角色的人，或者

将其外包，或者在不同的团队中找到喜欢做这项工作的人。发挥你的创意，总会有人感兴趣。

在迪拜，我们看到了一个关于"工作形塑"的很好的例子。迪拜的知识和人类发展局已经改变了一些内部程序和流程，局内的工作和任务职责是根据员工的兴趣和才能分配的。热衷健身的人，接受相关培训成为健身教练，让人们变得更加健康；热爱写作的人，接受相关培训成为作家，撰写供世人阅读的作品；艺术家、摄影师、电影制片人、诗人等职业皆是如此。

第三级 无限制的培训

让员工自己决定如何提升技能，并相信他们会做出正确的决定。我们了解到，西班牙的数字营销机构赛博克里克（Cyberclick）的员工可以自行决定培训的预算，可以选择浮潜或冲浪课程。赛博克里克认为，任何培训都有利于员工和组织的发展，不需要监督。

请牢记这一点。

CFO："如果我们投资培养员工，那他们转头离开怎么办？"

CEO："如果我们选择不这样做，他们留下来会怎样？"

第四级 自行选择企业导师

当身边都是信任的人时，员工的发展会更好。波兰的IT 公司 U2i 取消了内部所有职称和头衔，员工可以自荐成为导师或选择自己的导师。

另一家纽约的 IT 公司"下一跃（Next Jump）"开发了一个伙伴系统，即 Talking Partners（TP），两名员工可以定期讨论他们发展的技能和才能（自行选择搭档）。Talking Partners 简称为 TP，后续逐渐被员工戏称为厕纸（Toilet Paper），因为搭档之间时不时处理对方的废话与糟心事儿。

第五级 "企业内部市场"

世界上许多先进组织已经建立了一个"企业内部市场①"。我们采访了丹麦助听器制造商奥迪康（Oticon）的前 CEO 拉斯·科林德（Lars Kolind），他在 20 世纪 90 年代取消了组织内所有的部门、管理职位和工作头衔。项目成为员工的驱动力，员工根据自己的兴趣和意向，想做多少就做多少。每项任务都成为一个项目。

---

① 译者注：内部市场，是指组织的内部机构、成员之间通过经济活动而形成的市场。它是由"内部人"按照一定的"内部规则"从事交易活动而形成的市场。

加入变革吧——眼见为实！

在我们的冒险过程中，我们拜访了100多名行业先锋，从家族企业、非营利组织到政府部门，从私营企业到上市公司，大小不一。有些早已经历风雨数十年，有些如一颗新星冉冉升起。它们是"八大趋势"中一个或多个趋势的先驱，但没有一家企业能够突破所有趋势的边界。每个组织都必须找到自己的道路，它们虽经历着类似的糟糕的"组织架构""领导方式""企业文化"等，但世上没有放之四海而皆准的模式。

到访世界上最激进、最进步的工作场所的旅程，已经展示了先进组织是如何与众不同的。有些组织成功转型，从命令和控制的枷锁中解放出来。回想一下比利时社会保障部的"叛逆"以及白色家电制造商海尔的激进、大胆举措，即使是沉闷和老式的组织，也可以变得鼓舞人心。组织总有可能随时按下重置按钮，这或许并不是件容易的事情，变革过程可能伴随着意想不到的曲折，但这是一场值得一战的战斗。对于粗心大意的人来说，变革有一些不可避免的陷阱，比如贯彻先入为主的观念或遵循一成不变的计划。这个过程并不是线性和可预测的，而是一个不断改进和试验的过程。这些问题可能仍然困扰着你：如果你不是 CEO，就没有什么可以做的吗？只能坐以待毙吗？辞职是唯一的解决办法吗？

幸运的是，答案是否定的。先进的工作方式总是存在的，考虑到实际的企业环境，这些行业先驱早已超出了人们的预期。我们遇到过一些大公司的团队，团队自主选择领导者，而组织的其他部分则实行自上而下的管理；我们会见了那些取消了中层管理者的部门领导。变革，说到底是寻找志同道合的"叛逆者"，在能力所及之处不断突破而扩大影响力。

在访问荷兰在线零售商 Bol.com[①] 的哈姆·詹斯（Harm Jans）[②] 期间，我们了解到 Bol.com 是如何运作的。Bol.com 起初的业务运行方式并不像许多先进组织那样激进，但它实现的变革却令许多人十分震惊。变革之举并非发起于高层管理者，而是源于基层工作人员。在参观其在荷兰瓦尔

---

① 译者注：Bol.com 是荷兰跨境电商平台，也是比荷卢地区（比利时、荷兰、卢森堡）最大的电商平台，在 1999 年正式推出。Bol.com 是一家售卖图书、玩具和电子产品等产品的荷兰电商平台，并且在这些产品领域市场份额领先荷兰亚马逊。

② 译者注：访问期间（2018 年），哈姆·詹斯在 Bol.com 担任物流团队小领导；2022 年，詹斯已担任创新支持总监。

韦克的配送中心时，新仓库正在完成最后的收尾工作，詹斯与我们分享了这一惊人的信息。Bol.com 自 1999 年成立以来，一直以扁平化结构和高度自治的方式运营，它目前已经成为最受欢迎的电商平台之一，提供大约 2 200 万种商品。2012 年，它以 3.5 亿欧元的价格卖给了零售巨头阿霍德·德尔海兹（Ahold Delhaize）[①]。随着公司不断扩张，事情变得更加复杂。许多公司成为成功的牺牲品，它们不知道如何在更大的范围内以更大的规模运作，增长可能反而成为企业衰落的催化剂。受我们"人生愿望清单"中许多组织的启发，詹斯构想了一些有趣的方案，他希望 Bol.com 也能成为一个先锋企业。

詹斯很快就遇到了问题。他是一个由 30 名物流员工组成的团队的领导者，但他的职位和资历不足以产生太大影响。于是，他开始游说高层管理人员从根本上改变 Bol.com 的工作方式，向 CEO 推销自己的想法。意料之中，他没有收获任何支持。他哀叹道，"人们害怕梭哈，害怕孤注一掷。但现在回想起来，这可能是件好事。但这并不是唯一的障碍，Bol.com 不适应彻底的转型和变革，而如果领导层下达类似指令，基层肯定也不适应。公司无法这般运作。"詹斯被迫寻找替代的解决方案，"我唯一能做的事情就是鼓励我

[①] 译者注：阿霍德·德尔海兹（Ahold Delhaize）是一家总部位于荷兰的全球知名零售企业，也是欧洲电子商务行业引领者。

的团队进行试验。"

詹斯说到做到，他改变了会议结构，重新分配了员工的角色和职责，修改了决策制定过程。变革过程中，Bol.com追踪了满意度水平这一指标。通常他们会问一个简单的问题：如果以 10 分为满分打分，你有多大可能推荐这种新的工作方式？这有助于他们了解自己是否步入正轨。在达成共识的基础上，他们会更容易适应。其核心理念是，如果对新方法感到兴奋，员工自然会成为新方法的积极推动者。

没过多久，不寻常的事情发生了。未参与的团队听到了风声，前来询问詹斯自己的团队是否也可以参与变革。"许多新团队愿意从头开始，这逐渐让我知道变化正在悄无声息地发生。"詹斯和他的同事们开始指导其他团队，帮助这些团队采用新的工作方法。"这也让我们有机会改进和迭代新型的工作方式和指导方法，第二拨团队比第一拨更满意，第三拨比第二拨……"他决定再前一步，团队需要更多的沟通交流。詹斯团队开始制作视频、撰写博客、发表演讲，成立内部的兼职教练小组并使之接受培训。截至 2017 年夏天，超过 400 名员工和 50 个团队加入小组。一年后，这一数字翻了一倍多；而到 2019 年底，这一数字已增至 1 200 多名，占员工总数的 70%，成立了 140 个团队。需求大得无法满足。

詹斯自己也经历了一些个人变化。最近，他刚被任命为组织和人才发展主管。一开始只是一个简单的试验，结果却远远超出所有人的预期。小的成功造就了大的变化。Bol.com起初的变革只集中在会议、决策过程和角色分工上，而现在它逐渐将重点放在企业家精神和所有权方面，组织结构正在经历转变。詹斯说道，"这一转变既没有预先设计，也没有强制执行。"

这是一个关于"反叛"的鼓舞力量的故事。你不是必须成为CEO才能改变工作的方式，你也不需要HR部门的批准。用你的愿景、你的梦想激励他人，邀请他们成为变革的一部分，进而采取行动。

只要你成功地运用并实践这些原则，你就可以开启自己的运动，为创造一个更好、更鼓舞人心的工作场所做出贡献。大多数的先进组织正采用类似的方法，以下原则可能不同于商学院的大纲，也不是传统咨询公司推荐的解决方案，但它们的确是我们旅程中目睹的一次又一次的成功实践的基础。

原则一 不要强迫改变，要激发改变

人们通常认为，变革可以由高层强制实施，由董事会决定谁应该做什么，底层员工只需服从即可。然而，这样存在许多弊端：许多 CEO 不敢贸然采取激进的举措，导致计划或项目半途而废。强威之下，你可以看到破坏、反抗和沮丧。相反，找到那些"叛逆者"，用你的愿景激励他们，给予无条件的支持。在毕尔巴鄂，我们拜访了咨询公司 K2K，那里有一种鼓励变革的独特方式。

以下两个举措便很能说明问题。

（1）所有员工和 CEO 必将全力以赴。首先，K2K 团队确保所有人会毫不犹豫地投入工作。下一步是让 CEO 参与进来，使其意识到妨碍变革进程可能会保不住自己的饭碗。因此，K2K 让 CEO 们签署了相关文件。如果他们拒绝，K2K 将不支持变革。

（2）员工投票。公司将关停两天，员工们有机会参观那些转型成功的公司。这趟旅行没有顾问，所以员工可以自由交谈。是时候展示员工忠诚度了，K2K 举行匿名投票，一致决定只有在超过 80% 的员工支持的情况下才启动变革。这一激进的方法展现出了巨大的价值，帮助改善了大约 70 个组织的运作。

原则二 持续试验

人们通常认为，管理层或组织最好提前设计多种变革方案，从而产生可预测性和可控感。在具体的实践中，这些往往是空谈而无行动。如果计划开始实施，就不存在任何偏离的余地。这是极为不敏捷的。相反，改革者有不同的方法，他们不会陷入无休止的分析、报告和模型的思考中。他们踏踏实实做事，忽视那些不切实际的计划和昂贵的报告，专注行动。清晰的愿景与简单的计划相结合，试验和思考反复交替进行。若试验成功，则变革继续；若试验失败，便从错误中吸取教训，调整航向。

原则三 发动变革

发动一场变革，确保其他人也像发起者一样充满热情。想法往往始于一个团队或一个部门，日益成熟，最终成为变革的动力。如果说这个过程中我们学到了一件事，那便是有效沟通的重要性。确保变革是可视化的，并遵循相应的结果。随着变革的成功开展，或是遭遇挫折，变革热情会蔓延开来。为了进一步推进变革的进程并广泛发展，可以考虑撰写和传播文章、视频、小册子，发表演讲、开展聚会及创建在线平台等。发挥创造力，利用一切可以掌握的工具。

反　思

　　在巴塞罗那啤酒花园的那一天，现在看来已经是很久以前了。4 年以来，我们始终在路上，研究世界上最先进的工作场所，亲眼接触到了以往写在书本上的人物和信息。之前在公司工作的挫败感早已消散，我们现在要研究那些让我们热血沸腾的话题。我们遇到了世界各地的拓荒者，他们和我们一样满腔热血，致力于让工作更有趣、让组织更先进。我们和他们一起工作，并从他们的经验中学习。我们通过撰写博客文章与这本书，发起讲座和研讨会，以及建立在线的"企业叛逆者"社区，与其他"叛逆者"分享这一切。

　　在分享所学的同时，我们也有机会将理论付诸实践。与团队一起，我们帮助世界各地的组织成为更进步的工作场所。我们也在"企业叛逆者"总部试验最新、最"叛逆"的想法，我们让自己的行动不言自明，并将持续突破边界。试验、学习、适应，对我们而言也是如此。

我们将 10% 的利润捐赠给慈善机构、非政府组织和与我们有共同目标的项目。为此，我们成立了"企业叛逆者基金会"，一个独立且透明的组织。我们的商业决策是通过咨询员工做出的，薪酬方面也是如此；我们是碳中和的，因为我们通过碳抵消计划弥补我们所有的碳排放；我们尝试新的工作方式，为提升自己设定挑战；我们自己制定目标，每个月回顾我们的进步，并期待下一个挑战；我们相信一切都要彻底透明。显然，我们不制定固定的预算或幼稚的规则，我们拥有很多自由；我们不记录工作时间或休假天数，每个人都可以在他们喜欢的任何地方工作。为了进一步推动工作场所的自由，我们最近买了一辆露营车，并把它改造成了一个移动办公室，"工作＋风筝／冲浪"成为现实。

随着我们步入新的阶段，我们的实践也在不断发展。没有什么是一成不变的，一切都可以改变。如果变革行之有效，我们便继续坚持。如果不再奏效，我们就尝试新的方法。我们并不孤单，越来越多的组织正在寻找打破现状的新方法，变革正在进行中。甚至连大型企业也在试图打破传统，考虑实行"4 天工作制"，并不时地削减管理层。不管是大型公司，还是中小型企业，甚至是充满热情的个体都在加入这场变革。

这个过程中最好的事情是什么？参与者不只是管理思想家和学者，而是来自各行各业的人。一线员工、企业家、记者、政策制定者和学术界人士都在为创造更好的工作场所而努力，我们很激动地发现自己正处于这场变革的中心。我们的博客收获了 100 多个国家成千上万的读者，我们的在线论坛是"企业叛逆者"的聚集地。我们每个月在会议上发言，并与企业合作，帮助他们打破单调乏味的束缚，改善工作方式并改变他们的生活。

真正的革命已经到来。我们需要推动并兑现我们的承诺，进行有影响的、持久性的变革——让工作更有趣。你可以加入这场革命，具体方法如下。

1. 注册

这本书中的故事只是变革先锋的冰山一角，你可以在"企业叛逆者"的博客上找到更多的灵感和启发。

2. 传播

提高自我意识，为变革做出贡献。思考所学，决定改变，让别人意识到你的革命精神。在社交媒体中使用 #Corporate Rebels，并关注我们的领英和推特账号。

3. 成为"企业叛逆者社区"的一员

在官网上创建属于你自己的账户，在论坛上分享你的经验、解决方案和灵感来源，并与志同道合的"叛逆者"进行交流。

登录官网进行注册。

4.参加"叛逆者"活动

我们会定期组织"叛逆者"聚会。请登录官网，了解更多信息。

致　谢

　　天真的人是幸福的，不顾他人看法的人也是如此。如果没有这两者的有机结合，我们永远都不会踏上这场冒险之旅。创办一家没有商业模式的公司是一回事，在这过程中写一本书又是另一回事，这是一段漫长而坎坷的旅程。这本书的交付日期一拖再拖。但我们最终成功了！

　　如果没有我们周围人的大力支持，这本书就不会诞生。感谢我们的父母和家人，感谢你们给予的坚定信念，虽然有些不太现实，但对我们至关重要。你们一直以来的支持造就了我们。非常感谢安妮 - 卡莉金和阿南达，感谢你们对我们的信任，因为有你们，我们才会这么开心。

　　感谢第一个加入冒险的疯狂冒险家弗里克 - 扬·朗纳，以及之后的凯特琳·贝克斯 - 库本、凯恩·埃弗雷特、艾伦·迪克、弗洛琳·范·武尔芬·帕尔特和布莱姆·范德莱克。你们都在致力于让世界上的工作场所变得更加美好。

感谢我们的编辑约翰·曼和哈尔·威廉姆斯，你们拯救了这本书。当我们在 2019 年夏天阅读自己的"终稿"时，我们觉得可能都完了。我们知道我们经历的故事极具说服力，但总是苦于找不到合适的词句。你们把这份"终稿"变成了我们真正喜欢和欣赏的作品。我们相信，你们肯定早已拯救过数十位跟我们一样的写作者。

另外，非常感谢这些年来所有愿意分享他们智慧的人——"人生愿望清单"上的行业先驱们。我们花了很多时间采访、研究并向你们学习。我们感到莫大的荣幸，虽然有些人的名字并没有直接出现在这本书中，但你们的智慧极大地影响了我们的思维。我们将永远感激能有机会站在了巨人的肩膀上。

最后，我们要感谢所有加入这场"叛逆"运动的人，感谢通过阅读、联系、分享和贡献来支持我们的个人和组织。没有你们的支持，我们只是无人问津的旷野之声罢了。

参 考 文 献

[1]   HAYES M, CHUMNEY F, WRIGHT C, et al. The global study of engagement 2018 [M]. Roseland:ADP, 2018.

[2]   GALLUP. State of the American workplace 2017 [M]. New York:GALLUP Press, 2017.

[3]   HUANG M, LI P, MESCHKE F, GUTHRIE J P. Family firms, employee satisfaction, and corporate performance [J/OL]. Journal of Corporate Finance, 2015, 34: 108-127 [2015-10-01]. https://www.sciencedirect.com/science/article/abs/pii/S0929119915000929#preview-section-cited-by.

[4]   MELIAN-GONZALEZ S, BULCHAND-GIDUMAL, GONZALEZ LOPEZ-VALCARCEL B. New evidence of the relationship between employee satisfaction and firm economic performance [J/OL]. Personnel Review, 2015, 44(6): 906-929 [2015-09-07]. https://www.emerald.com/insight/content/doi/10.1108/PR-01-2014-0023/full/html.

[5]   GREEN T C, HUANG R, WEN Q, ZHOU, D. Crowdsourced employer reviews and stock return [J/OL]. Journal of Financial Economics, 2019, 134:236-251 [2019-10-01]. https://www.sciencedirect.com/science/article/abs/pii/S0304405X19300662 .

[6]   CHAMBERLAIN A. Does company culture pay off? [M]. Mill Valley:Glassdoor, 2015.

[7]   DUR R, VAN LENT M. Socially useless jobs [J/OL]. Tinbergen Institute Discussion paper, paper 18-034/VII [2018-03-01]. https:// papers.ssrn.com/sol3/papers.cfm?abstract_id=3162569.

[8]   GRAEBER D. Bullshit jobs: a theory [M]. New York:Simon & Schuster, 2018.

[9]   PARMAR B L, KEEVIL A, WICKS A C. People and profits: the impact of corporate objectives on employees' need satisfaction at work [J/OL]. Journal of Business Ethics, 2017,154(1). 13-33 [2017-03-09].

[10]   CHOUINARD Y. Let my people go surfing: the education of a reluctant businessman [M]. New York: Penguin, 2006.

[11]   PATAGONIA WORKS. Annual Benefit Corporate Report [M]. Ventura; Patagonia Inc., 2018.

[12]   SISODIA R, WOLFE D, SHETH, J N. Firms of endearment: how world-class companies profit from passion and purpose [M]. London: Wharton School Publishing/Pearson Education, 2007.

[13]   NIELSEN. Doing well by doing good [M]. New York:The Nielsen Company, 2014.

[14]   GOLER L, GALE J, HARRINGTON B, GRANT A. The 3 things employees really want: career, community, cause [J/OL]. Harvard Business Review [2018-02-20]. https://hbr.org/2018/02/people-want-3-things-from-work-but-most-companies-are-built-around-only-one.

[15]   SCHWARTZ J, BOHDAL-SPIEGELHOFF U, GRETCZKO M, SLOAN N. Global human capital trends [M]. Westlake; Deloitte

University Press, 2016.

[16] MROZ J E, ALLEN J A, VERHOEVEN D C, SHUFFLER M L. Do we really need another meeting? The science of workplace meetings [J/OL]. Current Directions in Psychological Science, 2018, 27(6):484-491 [2018-10-09]. https://journals.sagepub.com/doi/10.1177/0963721418776307.

[17] MARMER M, HERRMANN B L, DOGRULTAN E, BERMAN R. Startup genome report extra on premature scaling: a deep dive into why most high growth startups fail [M]. San Francisco:Startup Genome, 2011.

[18] WALLANDER J. Decentralisation — why and how to make it work: the Handelsbanken way [M]. Stockholm: SNS Förlag, 2003.

[19] SVENSKA HANDELSBANKEN AB. Investor Presentation [M]. Stockholm:Svenska Handelsbanken AB, 2018.

[20] SVENSKA HANDELSBANKEN AB. Annual report 2017 [M]. Stockholm:Svenska Handelsbanken AB, 2017.

[21] HARTER J, ADKINS A. Employees want a lot more from their managers [EB/OL]. [2015-04-08]. https://www.gallup.com/workplace/236570/employees-lot-managers.aspx.

[22] SZATMARI B. We are (all) champions: the effect of status in the implementation of innovations [J/OL]. ERIM Ph.D. Series Research in Management. Erasmus University Rotterdam [2016-12-16]. https://repub.eur.nl/pub/94633/ .

[23] PETER L J, HULL R. The peter principle: why things always go wrong [M]. New York: William Morrow & Co, 1969.

[24] BENSON A, LI D, SHUE K. Research: do people really get promoted to their level of incompetence? [J/OL]. Harvard

Business Review [2018-03-08]. https://hbr.org/2018/03/research-do-people-really-get-promoted-to-their-level-of-incompetence.

[25] GINO F. Rebel talent: why it pays of to break the rules at work and life [M]. New York: Dey Street Books, 2018.

[26] MORIEUX Y, TOLLMAN P. Six simple rules: how to manage complexity without getting complicated [M]. Boston: Harvard Business Review Press, 2014.

[27] HOPE J, FRASER R. Beyond budgeting: how managers can break free from the annual performance trap [M]. Boston: Harvard Business School Press, 2003.

[28] KROFT H, VENEMA P. Arbobalans 2018: kwaliteit van de arbeid, effecten en maatregelen in Nederland [M]. Leiden; TNO, 2018.

[29] VAN MASSENHOVE F, AUWERS T. De collega's werken thuis: kies zelf waar, wanneer en hoe je werkt [M]. Tielt:Lannoo nv, 2012.

[30] ROY A A. Work less, get more: New Zealand firm's four-day week an 'unmitigated success' [EB/OL]. [2018-07-19]. https://www.theguardian.com/world/2018/jul/19/work-less-get-more-new-zealand-firms-four-day-week-an-unmitigated-success.

[31] MARQUET L D. Turn the ship around: a true story of turning followers into leaders [M]. New York: Penguin Group, 2012.

[32] WINQUIST E. How companies can learn to make faster decisions [J/OL]. Harvard Business Review [2014-09-29]. https://hbr.org/2014/09/how-space-x-learned-to-make-faster-decisions.

[33] DE SMET A, LACKEY G, WEISS L M. Untangling your organization's decision making [J/OL]. McKinsey Quarterly [2017-06-21]. https://www.mckinsey.com/business-functions/

people-and-organizational-performance/our-insights/untangling-your-organizations-decision-making.

[34] GALTON F. Vox populi [J/OL]. Nature,1907, 75: 450-451 [1907-03-07]. https://www.nature.com/articles/075450a0.

[35] GILES J. Internet encyclopaedias go head to head [J/OL]. Nature, 2005, 438:900-901 [2005-12-14]. https://www.nature.com/articles/438900a.

[36] MINNAAR J. How real leaders melt the iceberg of ignorance with humility [EB/OL]. [2018-05-26]. https://corporate-rebels.com/iceberg-of-ignorance/ .

[37] SEMLER R. Maverick: the success story behind the world's most unusual workplace [M]. New York:Warner Books, 1993.

[38] BURKUS D. Why do we keep salaries secret? [EB/OL]. [201-02-02]. https://www.forbes.com/sites/davidburkus/2016/02/02/why-do-we-keep-salaries-secret/?sh=56104bcf4df8.

[39] TINYPULSE. 7 vital trends disrupting today's workplace [M]. Seattle: TINYpulse, 2013.

[40] HUET-VAUGHN E. Do social comparisons motivate workers? A field experiment on relative earnings, labor supply and the inhibitory effect of pay inequality [EB/OL]. [2021-09-07]. https://drive.google.com/file/d/11rJwCZjmpizba4zIHc0exg3uabccjiam/view.

[41] HEGEWISCH A. Pay secrecy and wage discrimination [EB/OL]. [2014-01-01]. https://iwpr.org/iwpr-issues/esme/pay-secrecy-and-wage-discrimination-2/.

[42] SMITH D. Most people have no idea whether they're paid fairly [J/OL]. Harvard Business Review. [2015-12-01]. https://hbr.

org/2015/10/most-people-have-no-idea-whether-theyre-paid-fairly .

[43] BREGMAN R. Waarom de baas van Buurtzorg de baas van Nederland zou moeten zijn [EB/OL]. [2016-09-29]. https://decorrespondent.nl/5147/waarom-de-baas-van-buurtzorg-de-baas-van-nederland-zou-moeten-zijn/197876415-4c77c222.

[44] MINNAAR J. The ugly truth about the state of the workplace [EB/OL]. [2017-12-03]. https://corporate-rebels.com/research/.

[45] FLADE P, ASPLUND J, ELLIOT G. Employees who use their strengths outperform those wo don't [EB/OL]. [2015-10-08]. https://www.gallup.com/workplace/236561/employees-strengths-outperform-don.aspx.

[46] TIMS M, BAKKER A B, DERKS D. The impact of job crafting on job demands, job resources, and well-being [J/OL]. Journal of Occupational Health Psychology, vol 18, number 2; 230-240 [2013-04-18]. https://pubmed.ncbi.nlm.nih.gov/23506549/.

[47] CLAY A, PHILIPS K M. The misfit economy [M]. New York:Simon & Schuster, 2015.

[48] WORLDBLU. Meet the team behind Worldblu and the freedom at work™ leadership model [EB/OL]. [2019-01-01]. https://www.worldblu.com/teamblu.

[49] SOFTWARE GURU MAGAZINE. Best places to code [M]. Mexico City:SG Software Guru, 2017.